诚信为本 操守为重

坚持准则 不做假账

——与学习会计的同学共勉

大数据+

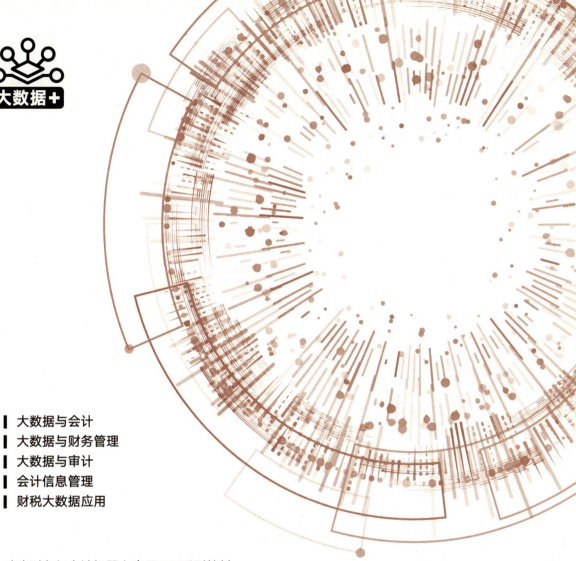

▍ 大数据与会计
▍ 大数据与财务管理
▍ 大数据与审计
▍ 会计信息管理
▍ 财税大数据应用

政府财务与会计机器人应用1+X系列教材

高等职业教育财经类专业群 **数智化财经** 系列教材

iCVE 智慧职教 高等职业教育在线开放课程新形态一体化教材

RPA财务机器人开发与应用

程淮中　蔡理强　主编

徐栋　张玉新　余冰冰　副主编

北京东大正保科技有限公司　组编

高等教育出版社·北京

内容提要

本书是政府财务与会计机器人应用 1+X 证书制度系列教材，高等职业教育财务会计类专业"岗课赛证"融通新形态一体化教材，也是高等职业教育财经类专业群数智化财经系列教材。

本书共分为四个模块、十二个任务，模块一走进机器人流程自动化（RPA）的世界，介绍 RPA 相关基础认知与基础应用，旨在培养学习者自动化思维、数据思维及财务转型思维。模块二 RPA 在财务中的应用，介绍 Excel、Email 及 Web 的自动化操作。模块三 RPA 财务机器人综合实战，以实务中的业务场景为基础，通过需求分析、流程设计，最终开发完成网银付款、往来账龄分析、汇率维护、银企对账、发票开具等财务机器人。模块四企业实施 RPA 自动化，介绍企业业务流程自动化的实现以及 RPA 财务机器人的部署和运维。

本书配套 RPA 财务机器人开发与应用的操作视频、教学课件等资源，通过扫描书中的二维码，可利用碎片化时间随时随地学习，提高学习效率。资源具体获取方式请见书后"郑重声明"页的资源服务提示。

本书既可以作为政府财务与会计机器人应用职业技能等级证书配套用书，同时适用于中职、高职、应用型本科院校财务会计类专业及其他相关专业教学，也可作为会计培训机构财务机器人开发与应用培训及社会从业人员的学习用书。

图书在版编目（C I P）数据

RPA 财务机器人开发与应用 / 程淮中，蔡理强主编；北京东大正保科技有限公司组编 . -- 北京 ： 高等教育出版社，2022.2（2023.1重印）
ISBN 978-7-04-057399-2

Ⅰ．①R… Ⅱ．①程… ②蔡… ③北… Ⅲ．①财务管理 - 专用机器人 Ⅳ．①F275②TP242.3

中国版本图书馆CIP数据核字(2021)第248290号

RPA 财务机器人开发与应用
RPA CAIWU JIQIREN KAIFA YU YINGYONG

策划编辑	武君红	责任编辑	马 一	封面设计	李树龙	版式设计	马 云
插图绘制	黄云燕	责任校对	胡美萍	责任印制	赵 振		

出版发行	高等教育出版社		咨询电话	400-810-0598
社 址	北京市西城区德外大街 4 号		网 址	http://www.hep.edu.cn
邮政编码	100120			http://www.hep.com.cn
印 刷	天津鑫丰华印务有限公司		网上订购	http://www.hepmall.com.cn
开 本	787mm×1092mm 1/16			http://www.hepmall.com
印 张	16.5			http://www.hepmall.cn
字 数	260 千字		版 次	2022 年 2 月第 1 版
插 页	2		印 次	2023 年 1 月第 3 次印刷
购书热线	010-58581118		定 价	46.80 元

本书如有缺页、倒页、脱页等质量问题，请到所购图书销售部门联系调换
版权所有 侵权必究
物 料 号 57399-00

前　言

　　随着以大数据、人工智能为代表的新一代信息技术的迅速发展，数字经济已经成为引领全球经济社会变革、推动我国经济高质量发展的重要引擎。2021年3月，《中华人民共和国国民经济和社会发展第十四个五年规划和2035年远景目标纲要》公布，加快数字化发展、建设数字中国、迎接数字时代、激活数据要素潜能势在必行。国家战略影响企业发展，企业发展决定人才需求，人才需求决定教育教学改革方向。

　　2021年3月《职业教育专业目录（2021年）》的发布，职业教育财务会计类专业升级和数字化改造全面展开，财经类专业人才的素质结构、能力结构、技能结构亟须调整。在这样的背景下，新专业建设成为构建新发展格局、建设数字中国和数字经济、服务现代产业建设的重要途径和基础性措施，传统的财会行业也从电算化、信息化时代向智能化时代迈进。

　　在智能财务的发展体系中，机器人流程自动化（RPA）是关键技术之一，RPA财务机器人也是智能财务产品中的重要一员。同时，"RPA财务机器人开发与应用"正在成为"大数据+"时代财务会计类专业学生的必修课之一。本书正是在这样的背景下，由1+X证书培训评价组织——北京东大正保科技有限公司组织院校、企业等多方力量，按照"岗课赛证"融通的编写理念开发而成。本书初稿完成后，以讲义的形式在部分高职院校2020届、2021届学生中使用，得到广大师生的一致好评。

　　本书旨在通过RPA财务机器人理论知识学习、技能训练和综合开发与应用实践，使职业院校学生的RPA技术基础开发与应用能力得到全面提升，能在日常生活、学习和工作中综合运用RPA技术解决问题，并拥有团队意识和职业精神，具备独立思考和主动探究能力，为学生职业能力的持续发展奠定基础。

　　本书具有以下几个特点：

1. 岗课赛证融通，做到两个"对接"

一是课程设置与岗位需求对接。本书根据实际岗位需求，重新对 RPA 财务机器人开发与应用教学内容进行组织架构，让学生在学习过程中提高综合实力并适应社会的需求。二是学历证书与 X 证书对接。通过制定人才培养技能标准，在培养学生职业能力的同时获取职业技能等级认证。

2. 工作过程导向设计，融教、学、做于一体

全书分为 4 个模块、12 项工作任务。通过融合财务工作情境，从需求收集、流程分析、可行性分析、流程设计与开发的工作过程，完成一个个 RPA 财务机器人开发与应用任务，培养综合性人才。

3. 业务与财务深度融合，体验高效办公乐趣

本书将 RPA 技术贯穿到业务流程中，由基础知识到综合实战，以网银付款机器人、往来账龄分析机器人、汇率机器人、资金管理机器人开发实战为例，完成采购到付款流程自动化、销售到收款流程自动化、总账到报表流程自动化、资金管理自动化、税务管理自动化等内容的学习，体验 RPA 财务机器人高效办公的乐趣。

4. 采用企业级应用平台 UiPath，掌握前沿技术

本书采用全球应用最广泛的企业级平台作为教学工具，让学习者掌握最前沿的 RPA 应用技术。

5. 开发立体化教学资源，辅助新课程教学

本书提供电子课件、开发微课等多维度优质教学资源，书中配有 RPA 案例库、RPA 流程图，为新课程教与学的开展提供便利。

本书由江苏财经职业技术学院程淮中教授、北京东大正保科技有限公司蔡理强担任主编，日照职业技术学院徐栋、北京东大正保科技有限公司张玉新、杭州电子科技大学信息工程学院余冰冰担任副主编。程淮中教授负责本书的体系策划和审核定稿。在教材编写过程中，编写委员会中的院校专家和企业专家给予了大力的支持，在此表示由衷感谢。

由于编者的水平和时间有限，书中难免存在疏漏与不妥之处，敬请广大读者批评指正，以使本书日臻完善。

编者

2021 年 9 月

目　录

模块一
走进机器人流程自动化（RPA）的世界

1

2020 年注定是一个不同寻常的年份，一场突如其来的疫情把每个人的生活节奏、工作计划都打乱，全球经济也被迫按下了"暂停键"，给世界各国造成了不可估量的损失。在新型冠状病毒性肺炎疫情暴发期间，流动人员登记管理、防疫物资控制、网络流量监控、疾病数据交换、银行业务处理、订单生成或取消、旅游行程取消和退款管理、远程办公登录系统等任务场景出现，如何高效地完成这些数据的录入、统计和分析成为亟待解决的问题。

世界卫生组织数据显示，国外疫情形势同样不容乐观，各国卫生部门需要对大量的个人数据进行详细分析，以确定是否有可能出现新病例。由于工作量太大，仅靠人工处理数据是不可能完成的。又比如，由于居家隔离、商业停顿等原因，给各行各业都带来了巨大的经济冲击，数以万计的中小型企业需要向银行申请贷款才能渡过这场经济危机。与此同时，世界各国市场对救助贷款的需求都非常旺盛，例如美国银行（美国第一大商业银行）2020 年第一季度已经收到总额达 326 亿美元的企业贷款申请，而由于缺乏人力、繁琐的审核程序等原因，贷款下放的速度大大延迟，但是对于许多中小型企业来说，能够提前一天拿到贷款，却是非常关键的。而在此形势下，资金循环转向单向流动，加重了企业的经营负担，过去经营中的缺点一再放大，迫使企业管理者重新审视人力和管理成本。灵活的企业架构和业务流程在这一背景下显得尤为重要，因此，以"稳定""提效""易用"著称的业务流程自动化方式深受企业青睐。为了应对经济衰退的挑战，更多的企业选择了引入自动化业务流程，通过业务模型自动化来降低运作成本，减少人为失误，提高业务流程运行效率。那么到底什么是机器人流程自动化，也就是我们常说的 RPA 呢？

🎯 学习目标 ▶▶▶

知识目标

1. 了解 RPA 的概念、特点、功能及应用价值
2. 熟悉项目面板、活动面板、代码面板、属性面板的作用
3. 掌握变量、数据类型和运算符的含义与用法

技能目标

1. 会简单应用循环语句
2. 会简单应用【IF 条件】语句
3. 会简单应用【读取范围】、【写入范围】

素养目标

1. 培养学生自动化思维、数据思维、财务转型思维
2. 培养学生良好的职业道德和专业素养

学习导图 >>>

走进机器人流程自动化（RPA）的世界

- **RPA基础认知**
  - RPA的概念
  - RPA的技术特点、功能及应用价值
  - PRA业务流程适用标准
  - 业务流程自动化程度
  - 企业RPA应用领域

- **RPA基础应用**
  - 利用RPA编写运行消息
  - 利用RPA判断资产负债率高低
  - 利用RPA循环打印偶数数字
  - 利用RPA排序债券到期日期

任务一
RPA 基础认知

1950 年，图灵发表了一篇论文，文中预言了创造出具有真正智能机器的可能性。1956 年是目前普遍认为的人工智能元年。在 20 世纪 70 年代人工智能行业陷入低潮之前，数学家们曾预言机器永远只能在业余水平下象棋。但仅仅过了 20 多年，在 1997 年的国际象棋比赛中，超级计算机"深蓝"就击败了当时的人类国际象棋冠军卡斯帕罗夫（Garry kimovich kasparov）。

2016 年 3 月，AlphaGo 成为第一个打败人类职业围棋选手的 AI（Artificial Intelligence，人工智能）机器人，也是第一个打败世界围棋冠军的 AI 机器人。在两年时间里，AlphaGo 先后击败了包括李世石、柯洁等数十名中、日、韩顶级棋手，在世界上引起了轰动。今天，人工智能应用已经渗透到我们生活的每一个角落，在扫码点菜、人脸识别、工业机器人、自动驾驶、自动结账、自动收款、人机游戏等领域都取得了令人瞩目的进步。

会计行业也正经历着前所未有的变革，2017 年 5 月中旬，一个名为德勤财务机器人的 H5 动画首次在微信朋友圈中亮相，标志着会计行业机器人首次正式进入公众视野。同月末，普华永道也推出了自己的财务机器人解决方案，与德勤财务机器人相比较，普华永道的财务机器人不仅面向财务领域，还包括人力资源、供应链和信息技术领域。安永也在 2017 年 6 月初不甘其后地推出了智能财务机器人，安永称，在过去几十年里，我们已经看到了各种技术进步对业务的巨大影响，机器人流程自动化（Robotic Process Automation，RPA）将成为下一项影响业务的技术，它的应用将大大满足人们对从事特定标准的大批量活动的需求。同年 6 月末，作为四大会计公司之一的毕马威，也明确提供机器人流程自动化服务，它将重点放在数字化劳动力上，而不是以前的智能机器人。至此，以德勤、普华永道、安永、毕马威为代表的财务机器人相继上市，标志着财务机器人时代的正式开启。

一、RPA 的概念

据著名信息调查机构 Everest Group 报道，2020 年 RPA 市场预计将达到 25 亿美元，未来两年内，该市场将以 70% 到 80% 的复合年增长率增长。据 Everest 的数据显示，台式计算机上可能运行着大约 250 万个机器人桌面自动化（Robotic Desktop Automation，RDA），而云和本地服务器上可能运行着 700 000 到 800 000 个 RPA 机器人。虽然 RPA 的使用范围正在跨越行业、地域和组织规模，但很多都还停留在最初的研究和应用阶段。对刚刚开始接触 RPA 的学习者来说，下面我们将向你介绍 RPA 的含义，RPA 工具的功能，以及如何最大限度地利用 RPA。

RPA 是 Robotic Process Automation 的首字母缩写，也就是机器人流程自动化；RPA 可以被称为 "Digital Labor"，即数字化劳动力，是一种安装在计算机上用于操作其他应用程序的机器人软件。"Robot" 是一种模拟人类行为的软件，被称为机器人，比如模仿人类完成点击、打开应用程序、处理 Excel 表格、登录到业务系统等操作。"Process" 是一系列步骤，即流程，最终可以产生一个有意义的活动，例如，登录 SAP 系统并下载报告，登录办公自动化系统（Office Automation，System，OA）下载考勤记录表（score sheet）以计算员工的工资。"Automation" 是在没有人工干预的情况下，由机器人完成业务流程的操作，这也是自动化的最终目标。把这些术语组合起来，模仿人类的行为来执行一系列步骤，并且执行过程中不需要任何人为干预，从而达到最终的自动化目标，这就是所谓的机器人流程自动化。

机器人流程自动化通过使用用户界面层的技术，根据一定的规则，可重复地执行相应的流程任务，替代或协助人类完成用户与计算机系统的交互过程，从而自动地完成一系列特定的工作流程和期望任务，有效地实现人与信息系统集成的软件自动化。和我们日常生活中所熟悉的机器人，如扫地机器人、服务机器人，或者可以和小朋友交谈的有物理机械结构的机器人不同，RPA 是一个完全没有物理形态的虚拟软件机器人，本质上是一个能够按照特定指令执行任务的程序软件，这些软件部署在个人计算机或大型服务器上，可以通过模拟键盘、鼠标等人工操作来实现办公自动化。

二、RPA 的技术特点、功能及应用价值

Gartner2020 年 RPA 研究调查报告显示，87% 的大型组织正在或已经实施 RPA 项目，RPA 在企业中得到了越来越多的认可和广泛的应用。因为对企业来说，RPA 能自动进行烦琐的人工操作，减少人为错误，提高工作效率。

根据应用的自动化模式，RPA 可分为有人值守机器人和无人值守机器人。

顾名思义，有人值守机器人是人工 + 自动化结合模式，它是指需要在人工协助下，才能通过桌面程序完成流程自动化的机器人。由于企业运营环境和流程的复杂性，在业务流程处理过程中，需要人为判断等因素的影响，导致机器人不能完全取代人工执行流程，因此需要人为干预和机器人自动化相结合来完成工作。在该模式中，机器人负责执行标准的、重复的、有规则的动作，人工负责机器人难以完成的工作，当机器人运行出现异常时，可以随时进行干预。但由于流程执行过程中包含了人工定时定位的参与，势必会增加工作量或延长等待时间，进而影响整体工作效率。

无人值守机器人，即完全由机器人自动完成业务流程，不需要人工参与，因而又称"后台机器人"。很明显，无人值守机器人克服了有人值守机器人需要人工参与的痛点，完全释放了人类，克服了人类需要休息、情绪影响等因素。可在每天 24 小时不间断运行的情况下，能始终保持高效、准确的运行，机器人既不需要休息，也不会产生情绪状态变化，因此，无人值守机器人是业务流程自动化的最高形态。

但是，很少有企业能够真正实现业务流程的完全自动化，相比之下，有人值守机器人的应用范围更广，目前大多数的机器人管理平台都是由无人值守机器人和有人值守机器人相结合、协同工作和统一管理的模式。

（一）RPA 的技术特点

无论是有人值守机器人还是无人值守机器人，都是基于 RPA 技术特点的应运而生。RPA 技术特点主要包括以下几个方面的内容：

1. 软件机器人

RPA 并非具有实物形态的物理机器人，而是安装在计算机上控制其他应用系统的软件机器人，通过用户界面或脚本语言实现对重复的人工任务的自动化处理。

2. 清晰明确的规则

RPA 主要替代人工完成大量重复、标准化、机械性的工作，它的实现基于清晰、明确的流程规则，即每一步要做什么、如何做，都要给机器人明确的数字触发指令。反之，流程不清晰、规则不明确、创造性强、系统更新频繁、需要根据工作经验做出逻辑判断的工作，则不适合应用 RPA。

3. 模拟人类操作

RPA 的核心表现是操纵用户图形界面中的元素，模拟人与计算机系统的交互过程，例如模拟键盘操作、鼠标操作、打开 / 关闭应用程序、Excel 操作、抓取数据等。

4. 非侵入式部署

RPA 是在桌面系统上模拟人的操作来实现"虚拟"系统集成的，所以 RPA 项目在运行时，不会改变企业现有的任何信息系统，通过在用户界面连接数据，与人完全相同的方式访问当前系统。

除上述特点外，RPA 技术还有少编程、安全可靠、可拓展性强等特点。

（二）RPA 的功能

根据 RPA 的自动化操作模式和技术特点，可以将其功能分为三大类：数据获取、智能识别和数据输出。

1. 数据获取

RPA 处理数据程序的基本功能是数据获取，它通过模拟人的操作，记录人的操作步骤，通过数据搜索、数据迁移和数据录入环节来获取目标数据。

（1）数据搜索。RPA 模拟人工搜索路径，能够自动进入内部和外部网络，根据规则自动进行数据搜索，执行数据提取、采集和存储的操作。例如，财务人员需要定期从开户银行官网下载银行回单，在此业务流程中，需要登录开户银行网站，输入用户名和密码，在搜索栏中输入关键词"银行回单"，下载银行回单到本地，即完成 RPA 自动数据搜索功能，见图 1-1。

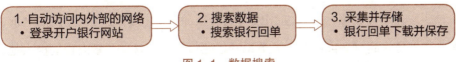

图 1-1　数据搜索

（2）数据迁移。当数据需要从一个系统迁移到另一个或多个系统时，RPA 可以自动进行数据采集和数据迁移，RPA 具有非侵入性和灵活扩展的技术特点，可以实现跨系统自动处理数据，而无须改变现有系统平台的结构。例如，企业需要将其销售订单数据实时输入到企业 ERP（Enterprise Resource Planning，企业资源计划）系统中，在这种场景下，RPA 可以自动下载电子商务平台上的数据，获取订单中的产品名称、规格型号、数量、价格、金额等数据，然后将这些数据自动推送到 ERP 系统中并保存，实现数据迁移功能，见图 1-2。

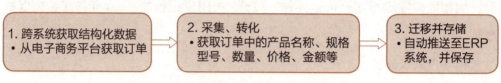

图 1-2　数据迁移

（3）数据录入。RPA 可以模拟人工操作路径将采集的数据录入到目标系统中并完成存储动作。例如，审计师在填写询证函时，将往来账款明细账数据录入相应的 Excel 表格并保存到指定位置，见图 1-3。

图 1-3　数据录入

2. 智能识别

RPA 借助光学字符识别、语义识别等 AI 技术，克服了早期处理能力差、不能灵活判断等问题，实现了智能识别功能。光字符识别（Optical Character Recognition，OCR）是一种图像识别技术，它能够识别打印或手写的文本，提取信息并作为结构化数据存储。基于 OCR 功能的 RPA 可对提取出的信息进行审核、分析，也可通过预先设定分类规则，从而进一步实现对信息的优化处理。当前，"RPA + OCR"在发票、合同识别等任务场景中得到了典型应用，企业员工可以在客户端对电子或纸质发票进行拍照上传平台，利用 OCR 技术识别分析并提取发票的种类、数量、单价、金额、盖章等数据，再通过 RPA 进行分类录入。在 RPA 没有被使用之前，员工需要将发票送到财务部，财务人员识别发票信息，而且发票新旧程度极大地影响了阅读的效率和效果，再手工输入到系统中去，亲自完成发票录入工作。当企业组织规模较大，业务量较多时，企业可能需要配备数十名财务人员负责业务对接，导致成本高、效率低。采用 RPA 后，不但大大减少了人工录入的工作量，提高了准确率，降低了成本，而且可以将财务人员从大量的信息识别、录入等机械操作中解放出来，让员工从事更有价值的工作。

自然语言处理（Natural Language Processing，NLP）主要是通过计算机对人类语言进行处理、理解和应用，从而实现人与计算机语言的有效交互。人类的语言多种多样、不同的语境代表不同的含义，而类似 C++、Java 等人类所设计的语言则是固化的，那么就需要运用语言学、统计学、机器学习、深度学习等知识，对所获得的语料进行初步判断、特征提取、模型训练等，从而不断优化，提高准确率。将 NLP 技术和 RPA 技术相结合，解决了 OCR 对复杂的、非结构化信息的难题，弥补了 OCR 处理结构化数据的不足，如验证码识别、身份证件识别、合同识别、财务报表附注识别、问答机器人、对话机器人等。例如，人力资源部门工作人员每天要处理大量的简历，如果之前没有采用 NLP 技术，就需要人工通过邮箱主题、简历内容判断求职者是否符合职位要求，花费大量的时间，并且存在信息遗漏的情况。使用 NLP 技术后，可以自动提取简历中匹配的信息，并能根据匹配情况进行评分，判断是否进入下一个招聘流程。

"NLP + RPA + OCR"相结合，是 RPA 的升级版，是实现 RPA 智能识别功能技术的基础，可应对更多、更复杂的应用场景。

3. 数据输出

需求数据可由 RPA 以预先设置的方式处理后输出，如标准报告、消息通知、预警提示等。例如，财务人员在期末需要编制预算实际差异分析表，RPA 可以在系统中查找项目实际发生数和预算数，并通过智能识别分析，将其填入相应项目中，计算出差异额和差异率，然后将其作为标准差异分析表输出和存储。如差异率异常，则以指标预警的方式向管理部门报告，以便及时发现问题，采取相应的对策。数据输出流程见图 1-4。

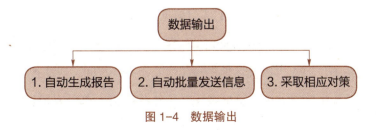

图 1-4　数据输出

（三）RPA 的应用价值

根据上述 RPA 的技术特点和功能，RPA 的应用价值主要体现在提高效率、降低成本，改善财务管理体系模式和人机交互接口等方面。

1. 提升效率、降低成本

由于 RPA 项目开发周期短、投入少、易于上手的技术特点，企业在实施 RPA 项目之前会对其投入产出比进行评估。RPA 是一款软件机器人，可每天 24 小时连续工作，且无疲劳或工作经验、能力、责任感等情感需求，而人类平均每周工作时间通常为 40 小时，且不同个体之间工作质量存在差异。综合来看，RPA 相较于人工对重复性高、细节烦琐的业务流程优势更为明显，可有效降低成本且大幅度提高效率。

2. 改善财务管理体系模式

在实施 RPA 项目时，业务流程必须具有明确的规则，因此，企业在确定哪些任务场景适合引入 RPA 项目之前，一定要使用业务流程管理工具（Business Process Management，BPM），将原本依赖手工操作的环节简化，减少流程各个步骤之间的冗余操作和等待时间，从而提高业务流程的执行效率。其中，流程再造和优化即对财务管理体系模式的改进。企业在经营过程中运用了大量的 RPA 技术，将业务到报销、采购到付款、销售到收款、合同管理等业务与财务数据全流程打通，实现业财一体化也是企业数字化转型的第一步。

3. 人机交互接口

RPA 是通过模拟人的操作，来实现人与计算机的交互。当前许多企业的信息化环境大多是建立在商业流程的基础之上，但商业流程的变化与信息化系统更新周期不匹配，久而久之，这些信息化系统就成了一个个的碎片。RPA 就是人与信息系统之间、信息系统与信息系统之间实现有效沟通的桥梁，RPA 利用非侵入式技术特点，不改变原有的信息系统结构。在流程再造过程中，针对原有信息系统业务处理逻辑不合理之处进行改进，实现项目落地成本低、速度快、见效快，既满足了业务部门快速响应的业务需求，又符合 IT 部门信息化系统维护的要求。例如大多数包含 CRM（Customer Relationship Management，客户关系管理）、ERP、OA 等基础应用的企业信息化系统，RPA 可以灵活地穿梭于这几个系统之间，快速地把 ERP 系统的文件推到 OA 系统中等待审核人员处理。对各种系统 RPA 都具有很好的适应性，且

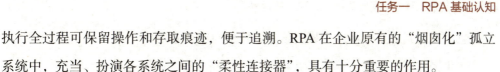

执行全过程可保留操作和存取痕迹，便于追溯。RPA 在企业原有的"烟囱化"孤立系统中，充当、扮演各系统之间的"柔性连接器"，具有十分重要的作用。

三、PRA 业务流程适用标准

一个好的 RPA 项目必须是业务流程符合自动化，企业要在自动化的前提下设计出全新的业务流程或完善原有的业务流程，如果只是一味地照搬手工操作流程，对现有业务流程不做任何改变，或者一味地使自动化适应现有的业务流程，就会导致机器人实施的失败。一般而言，RPA 项目的实施步骤是先对业务流程进行梳理和规划，了解人工操作下的业务痛点，其次有针对性地进行需求分析，再构思 RPA 的操作流程，构建人机交互的应用场景，最后设计开发，并不断优化完善。

如何判断人工操作下业务存在的痛点，以及 RPA 适用的场景，一般可以从四个方面确定。

（一）业务量多且动作重复

如果人工操作的作业量很大，超过了人类处理的限度，并且作业动作总是重复，那么就可以考虑引入 RPA。例如，税务领域的发票认证工作，在中大型企业中业务量非常庞大，往来的发票数量往往多如牛毛，其中，发票认证是纳税申报业务中必不可少的一个环节，大量的发票认证工作就给企业、部门带来了很大的负担。企业通常都是指定专人专项负责纳税申报，而该工作人员往往要加班到深夜，任务繁重，且长时间工作后容易疲倦，找不到成就感，忠诚度、满意度自然也就下降。

人工操作下进行发票认证工作共有以下六个步骤：① 登录发票认证平台；② 选择发票；③ 单击确认；④ 提交；⑤ 下载认证结果；⑥ 保存在本地某个文件夹下。无论是何种发票类型，操作的流程都是一样的，符合业务量多且动作重复的条件，因此发票认证业务适合引入 RPA 项目。实际上，企业中发票认证机器人的使用已经相当成熟，为财税业务提供了很大的便利。

（二）明确清晰的业务规则

每个任务场景都包括三个模块：INPUT 输入（输入方、输入信息）、PROCESS 处理（处理过程）、OUTPUT 输出（输出方、输出信息），也称五要素，将五个要素连接起来即规则。简而言之，明确清晰的业务规则就是能够清楚地表达谁输入了什么信息，提交到哪里，输出了哪些信息，输出到什么地方。

人工操作时，输入、输出方往往界定不严格，责任不明，或者不清楚信息接收方是谁、使用目的何在，这样容易造成无法落实责任，影响业务流程进程。人工操作下，对于输入的信息，包括输入位置、载体内容、格式等，往往缺乏清晰的信息属性说明，例如必填、选填、填写格式、有效信息提示等，容易造成数据漏填、错填或填写不规范等，费时费力，经常发生退回修改，而退回修改本是业务流程中可以避免的操作。人工操作下，处理过程，如提交、修改、审核等流程，通常由输入方通过邮件、即时通信等方式通知接收方，甚至是线下通知的方式，过程的低效率严重影响了业务流程。其输出信息包括输出格式、文本内容、存储位置等，输出的信息即为业务流程的成品。人工操作下，需要大量人工核对，过程费时费力，且存在主观判断，这一岗位不同人员可能得出不同的结果。通过以上分析，我们发现如果业务规则明确，即对输入方、输入信息、处理过程、输出方、输出信息五个要素进行规范，则可以考虑引入 RPA，以避免人工操作下主观因素造成的结果差异，提高经营效率。

例如公司财务部应在期末出具资产负债表、利润表、现金流量表、所有者权益变动表等财务报告，报表的项目格式是固定的，公式也是固定的，数据来源于原始凭证、记账凭证、明细账、总账及科目汇总表，规则上明确清晰。人工操作下，财务人员通过公式计算、翻阅账本查找数字，通过计算器的加减法得出最终结果，在报表项目中具体的位置填入，但在计算过程中有一些公式非常复杂，数字可能需要再拆分，人工操作很容易计算出错，既然该业务规则明确，就可以选择引入 RPA，实现精确查找数字，快速计算结果，高效准确填写的效果。

（三）引入 RPA 的投入产出比

评估 RPA 的投资回报，主要考虑的是 RPA 的运行成本是否低于其带来的增加值。RPA 项目增加值是指通过引入 RPA 项目所产生的经济增加值，如减少人工、提高经营效益等。如果运行成本低于其带来的增加值，则可以引入；反之，则不建议引入。运行成本包括项目实施成本和维护成本，其中实施成本发生在 RPA 项目实施期间。RPA 在企业中的实施途径很多，有的企业自主研发，有的与 RPA 厂商合作研发，有的聘请专业流程咨询公司出具方案，再聘请 RPA 厂商进行研发，也有的企业采用的是混合方式，采用何种方式都由企业根据自身情况而定。若为针对相对明

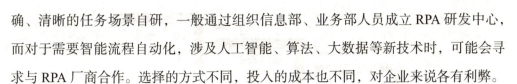

确、清晰的任务场景自研，一般通过组织信息部、业务部人员成立 RPA 研发中心，而对于需要智能流程自动化，涉及人工智能、算法、大数据等新技术时，可能会寻求与 RPA 厂商合作。选择的方式不同，投入的成本也不同，对企业来说各有利弊。

例如某企业财务部引入了银行对账机器人，银行对账机器人可以自动对账，获取实时银行流水信息。对企业而言，资金是核心，资金的实时信息可以帮助企业制定资金管理计划，节省人力。企业以前需要专人专岗来处理银行对账，在引入了银行对账机器人后，全部工作由银行对账机器人自动完成，节省了大量人力成本。目前市场上的银行对账机器人已经非常成熟，可适用于所有企业和银行，而且引入机器人的成本明显低于该岗位长期聘用人工的成本。可见企业引入银行对账机器人将带来很高的投资回报率，非常适合引入。

（四）RPA 的可扩展性

RPA 未来前景广阔，部分企业也首次体会到 RPA 等新技术给企业带来的巨大变革，如企业经营活动效率提高，员工忠诚度、满意度提高，及对人工操作刻板印象的转变等。虽然 RPA 给企业带来了很多好处，但是 RPA 并不是万能的，RPA 不能解决企业管理问题、信息化技术问题，不能替代信息化升级转型方案，而且并非所有的任务场景都适合 RPA 的引入。除了上述三个方面的因素外，还需要考虑其是否具有可扩展性，即 RPA 是否可以随任务场景的变化而进行升级，是否为最佳的业务流程，路径如何优化等。假如大量地盲目引入 RPA，会出现机器人管理平台到处都是各种各样的 RPA，甚至有些 RPA 运行维护困难、RPA 产品的灵活性不足、任务场景中的 RPA 没有可扩展性。

四、业务流程自动化程度

根据以上 RPA 的基本概念介绍，可知 RPA 是指通过预先设定的规则，模拟人类的操作与信息系统交互，来处理大量重复的业务流程任务。根据业务流程自动化的程度，RPA 可分为 RPA1.0 基本流程自动化、RPA2.0 高级流程自动化、RPA3.0 智能流程自动化。我们分别确定其适用的标准，见图 1-5。

（一）基本流程自动化

基本流程自动化是最初级的自动化，适用于运行规则简单、业务量大、重复率

图 1-5 RPA 业务流程自动化程度分类

高的任务场景，可处理结构化的数据、鼠标点击、键盘输入。它主要通过基于固定脚本、预设规则、设置路径、名称、内容、输入输出等属性，来自动完成业务流程的处理，代替或辅助人类完成基础性工作。所以对基本流程自动化等级而言，其适用的标准是：运行规则简单、数量庞大且重复率高。

比如，文件夹中大量 Excel 文件的数据统计，就很适合基本流程自动化的产品，如打开文件夹，读取 Excel 表格，复制数据，创建新的 Excel 表格，粘贴，另存为文件，这一系列操作都可以通过 RPA 来实现。

又如，销售部经理希望在月初获得上个月的销售数据，为下个季度制定营销策略。公司分为各大区域，区域下又分为大型卖场、商超、直营店、加盟店等渠道，每一渠道下都有若干具体的门店，每一门店下的产品种类、规格等销售情况各不相同。当销售经理接收到每个店长提交的表格数据时，其目的是分析销售数据的情况，以便进行销售经营决策，而将大量的表格数据汇总到一张表格中，则会花费大量的时间，而且容易出错。如果连最基础的数据都不准确，更别提做销售分析了。一个面向经营的决策可能会影响企业的整个战略方向，若想在快速迭代的市场中赢得更多的份额，时间就是制胜法宝，因此销售经理迫切需要快速准确地获得分散在各个门店的一手销售数据。这个商业场景究其本质来说，就是把每个门店的表格数据拷贝到一个统计表中，可以按照地区、渠道、产品、销售额、销售量等维度进行排序。这是 RPA 的典型应用场景，任务场景具有规则固定、大量重复、行为任务固定和简单等特点。这可以通过 RPA 来实现，大致的实现路径是：打开文件夹，打开 Excel 表格，读取并存储表格中的数据，创建新的表格，将数据拷贝到新的表格中，RPA 对每个 Excel 表格自动循环操作上述步骤，直到全部表格处理完成，实现了数据汇总高效、准确、低耗时。

（二）高级流程自动化

高级流程自动化是在基本流程自动化的基础上，增加多种情景分析判断，可处理文本、声音、图像等非结构化数据载体。由于移动网络、信息技术的发展，企业信息以不同的形式被存放在各个角落，而数据又是企业的核心资产，随时调用这些数据并以这些数据为基础进行一定的可视化分析，是企业管理部门一直在努力克服的难题。如今高级流程自动化广泛应用于网站数据采集、信息系统交互、电子档案管理、多情景判断分析、文本处理、语音识别等业务场景。

例如，企业电子商务部门需要在企业 ERP 系统中及时填入电子商务平台的订单数据。在这个任务场景中，我们发现，首先，要与电商平台的 ERP 系统交互，然后登录第三方平台下载数据，需要登录 ERP 系统并上传数据。其次，处理的数据是非结构化的，不能直接通过机械操作实现在第三方平台上的复制、粘贴。最后，由于订单中包括新订单、退回订单、更换订单，因此需要进行多重情景分析判断。所以这是一个实现平台典型的应用场景，订单数据的实时维护可以采用高级流程自动化。

（三）智能流程自动化

智能流程自动化是指在自动化过程中运用人工智能技术，使其在处理业务流程时能够自我认知、深度学习，通过持续学习不断积累经验，构建业务模型，提高分析能力、认知能力，并结合大数据做出非常精确的预测。

为了收集非结构化数据，采用人工智能组件，例如常用的 OCR 技术，通过电子设备对纸张上的字符进行检查，利用检测暗色和亮度来确定其形状，然后结合字符识别方法将形状转换为计算机文本。目前最广泛的应用场景就是识别图片上的文字，然后提取出可编辑的文档。例如，验证码识别、身份证识别、税务发票识别、合同文本识别等，都是在 OCR 技术支持下，实现了业务流程的自动化处理。此外还有语音识别功能，应用于电商客服领域、政务场景下的智能导航领域；人脸识别功能，广泛应用于电子商务、电子政务等领域。

例如，电子政务中"浙里办—让你一次都不跑"APP，用户在注册时，填写基本信息，上传身份证正反面信息，动态验证面部特征，后台自动审核，即显示成功注册。其中，上传的身份证照片就是通过 OCR 技术对姓名、身份证号码、居住地址、发证机关等信息进行提取，并认证身份，通过动态视频识别、人脸识别，获取人脸信息，自动在后台进行审核验证人员身份。这就是"RPA + AI"的典型应用场景。

机器人流程自动化适用标准判断条件如表 1-1 所示。

表 1-1 机器人流程自动化适用标准判断条件

基本流程自动化	高级流程自动化	智能流程自动化
业务流程由简单、独立的多个步骤组成	流程涉及许多中等复杂的交易	有可能集成创新性信息源（例如自然语言处理、图像识别、大数据、物联网等）
流程有清晰的业务规则，不需要人为分析	流程能划分为交易性需求和分析性需求	基于历史数据足够用于认知训练
流程重复、业务量大	流程涉及贯穿其他的重复过程的变化	需要场景化学习
流程不涉及对非结构化数据处理	流程涉及人机互动	通过学习可积累经验
流程设计需跨系统操作	流程涉及多情景分析判断	在人机交互中可附加价值
现有业务运行下成本太高或难以满足时间期望		

五、企业 RPA 应用领域

现在 RPA 的应用范围很广，包括财务领域、税务领域、金融领域、人力资源领域等。

（一）财务领域

在传统企业财务工作领域，主要依靠财务人员人工操作和信息化操作。人工操作面临着工作效率低、误报率高和人工成本高三大痛点。信息化操作下，系统多，常常需要跨系统读取，数据推送，需要在系统中做接口，而有些系统不允许开放接口，且改造成本高，周期长。

财务领域中许多业务都具有规则性强、大量重复的特点，RPA 可以代替财务人员的手工操作，帮助其完成基础性工作，通过优化财务流程，提高业务处理效率和质量，降低运营成本，从而让财务人员参与更有价值的工作。

1. 资金管理业务

资金管理业务主要包括公司资金的配置、使用效率和安全监管三个方面。所以资金的安全性、可用性、使用效率高低的关键在于提高资金周转率，在此基础上，准确、实时地反映资金数额，这恰好是 RPA 的优势。

资金管理业务中适合 RPA 的具体场景如下。

（1）银企对账。人工操作下，财务人员需要登录银行网站下载对账单、流水明细单，并将其整理成统一格式，与企业银行日记账核对。对于中大型企业而言，银行账户交易往来频繁，整个对账环节工作量大且烦琐，为保证安全，往往需要 U 盾等实物进行验证，一旦 U 盾丢失或损坏，会导致业务无法办理，影响资金使用效率。引入 RPA 后，可自动登录网银平台，下载流水单、对账单，将单据数据输入到 Excel 标准模板中，与银行日记账核对，如有不符，则立即发出警告，核对无误后，再将这些数据对外公布。全过程高效、准确，不需要人工参与，可大大提高工作效率，降低出错率，也避免了大部分人工操作的风险。

（2）现金管理。历来现金都是企业的核心资产，过多的现金会导致机会成本过高，而过少的现金又无法应对企业日常经营，因此决定最佳现金持有量的关键在于现金管理的灵活性。人工操作下，经常缺乏严格的管理，对于支付额度、支付策略等把握不准，对企业管理制度执行不到位，都可能会出现一些异常状况，影响现金的持有量。RPA 可根据现金计划信息历史数据等，建立业务模型，根据预设的规则、支付方式、支付策略和支付金额等多个因素进行计算分析，得到最优组合，完成资金安排，同时对资金收支进行动态监控，帮助企业实时掌握资金使用状况。

（3）收付款管理。RPA 可根据订单信息自动完成收款业务，根据供应商信息自动完成付款业务，在资金支付的过程中，RPA 可以自动查询银行返回的付款结果，并将结果反馈给财务部。

2. 业财共享业务

企业数字化转型的基石是建立企业财务共享中心，它通过建立共享池，集中处理业务，具有很强的规则性，业务重复性高且量大，非常适合 RPA 应用场景。由于 RPA 非侵入式的技术特点，使得企业财务共享中心在引入 RPA 后无须增加负担地运行，可以快速访问多个 ERP 系统，方便快捷地获取数据。

（1）费用报销。费用报销业务占据了企业业务的很大一部分，涉及企业的各个部门，费用报销流程是目前财务机器人应用最广泛的任务场景。一般企业费用报销业务流程是经办人员整理纸质单据后，在 OA 系统中填写报销单，再将纸质单据送

达到财务部，由财务人员整理、审核确认报销单，并在财务系统中完成记账凭证的处理，其中报销科目的种类多样，数量巨大，给经办人员和财务人员都带来了很大的工作量。

引入 RPA 后，可以实现：① 报销单据自动接收：能对各种渠道收集到的各类单据和发票进行自动识别，按种类分类汇总，并将结果分发到各端口，自动生成报销单并发起审批流程。② 费用报销智能审核：预先设定费用报销审核规则，将其嵌入到费用报销系统中。根据设定执行审核操作，如查验发票、进行预算控制、审核报销标准。③ 记录自动付款：通过审核后，付款单将自动生成；付款单进入待付款中心，财务机器人根据付款计划执行付款操作。④ 账务自动处理及报告：根据会计记账规则自动生成凭证、过账、提交，最后生成财务报告。

（2）采购到付款。业财一体化可实时反映经济业务本质，业务指导财务，财务反映业务。在财务共享中心，采购业务在企业的经营活动中占有很大的比重，从采购订单到采购合同，采购收货到采购付款，采购分析到对账环节，涉及多个 ERP 系统。

引入 RPA 后，可实现供应商管理、供应商对账到发票处理和付款全过程的无缝衔接。① ERP 系统采购业务自动填写：按照采购计划将采购名称、规格、型号、数量、价格、供应商等信息自动录入 ERP 系统。② 付款申请单处理：通过 OCR 扫描付款申请单并识别相关信息，RPA 在 ERP 系统中录入付款申请单信息，完成采购订单信息、发票信息和采购入库单信息的匹配校验。③ 采购付款：RPA 从 ERP 系统中自动提取付款申请单的付款信息（如对方的收款银行账号、账户名称、付款金额等），并提交给网银付款系统进行付款操作。④ 与供应商对账：手动设定好对账触发的时间节点，RPA 定时登录到财务模块获取应付账款明细，然后依次发送对账提醒邮件给对应的供应商。

（3）销售到收款。销售业务、资金收付、回款率等都是公司管理层和销售部门绩效考核的重点，能否获取实时、方便的数据成为 RPA 项目是否被引入的关键。在财务共享业务中涉及销售业务的产生、销售发票的开具、销售商品的发出、销售资金的回收以及回款分析等场景。

引入 RPA 后，可以实现 ERP 系统自动完成销售业务录入、发票开具、银行电子回单下载、客户画像等工作。① 销售业务的录入：RPA 自动获取销售订单信息，并智能化地录入到 ERP 系统。② 发票开具：根据销售订单信息获取客户信息及销售商品数据，RPA 由此自动开具发票，并发送至客户指定邮箱。③ 银行电子回单下载：根据收款人的信息，实时获取银行账户数据，自动下载银行电子回单。④ 客户画像：根据客户的销售订单及回款情况，RPA 自动通过第三方外呼平台拨打催款电话给客户，并根据 NLP 语义分析，对客户进行画像、评级等客户管理工作。

（4）总账到报表。从总账、明细账到报表的编制是财务处理标准流程。在信息系统下，有专人负责专门的财务系统，常常集中在期末处理，费时费力，而且不能及时反映企业的财务状况。

引入 RPA 后，可实现自动对账和结账、期末会计分录处理、关联交易处理和编制财务报表等功能。① 自动结账：期末时，RPA 自动完成各个项目的对账和结账工作，如现金盘点，银行对账，销售收入确认，应收账款对账，关联方对账，应付账款对账等，如发现异常，自动发出预警报告，如对账无误，则自动进行结账。② 期末会计分录处理：RPA 在期末对会计分录自动记录并结转处理。③ 编制财务报表：RPA 可以实现数据汇总，报表编制，自动生成标准化的对外财务报表；还可以按照合并规则、抵消规则生成合并抵消分录，实现自动编制合并报表。

（二）税务领域

目前，税务管理已经成为财务机器人应用较为成熟的领域，包括自动纳税申报、涉税信息核对、增值税发票查验等任务场景。

1. 自动纳税申报

RPA 自动登录账务系统，下载导出财务数据、进项税认证数据等，并根据这些信息在电子税务局系统中自动完成纳税申报主表和附表的填报。

2. 涉税信息核对

RPA 基于纳税和缴税信息可自动化完成系统内与涉税有关的会计分录编制工作，并计算递延所得税资产或递延所得税负债，完成相关的账务处理，最后将结果通过邮件提醒相关责任人。

3. 增值税发票查验

RPA 根据已有的待开增值税发票信息登录增值税发票开具软件，并根据业务智能识别待开增值税发票的类型，完成开票任务。RPA 自动登录税务机关发票验证平台，通过 OCR 技术获取发票信息填入平台，批量自动校验发票真伪，并可对校验结果进行记录和反馈。

（三）金融领域

在全球金融科技风起云涌之际，银行必须不断加快数字化转型的步伐。目前的情况是：数据调出、客户资料核实、订单状态检查、客户信息输入等一系列附加价值低、耗时长、难度小的工作，却严重消耗银行及相关机构的人力、物力，银行庞杂的中后台流程和难以互通的遗留系统，导致了系统与系统、数据与数据之间必须依靠人工协调干预的状况。而上述大量、重复性、易造成风险和失误的流程正适合引入 RPA。

1. 企业征信查询

申请企业或个人信贷审批过程中，银行员工需要人工登录法院、工商、税务等 20 多个涉及企业、个人征信信息相关系统网站，进行查询、汇总，并分析得出报告结论，报告中还需要附上查询截图，业务量大且繁杂，涉及多个外部系统，整个流程费时费力。

引入 RPA 后，可以实现多个外部系统或网站的自动登录，利用 NLP 语义分析获取、汇总特定元素信息，并自动截取保存查询的结果信息、生成结论报告，不仅可以提高工作效率，还可以保证征信数据的完整性。

2. 企业财报采集

在进行尽职调查时，银行工作人员需要获取企业近三年的财务报表信息，手工输入到企业金融系统，并将其按规则格式填写到尽职调查报告中，每份报表信息就多达数百条，而且财务报表数量庞杂，会计科目众多，报表不规范，导致收集财务报表的过程费时费力，且准确性差。

引入 RPA 后，可以实现对财务报表中结构化数据和非结构化数据的自动获取，通过 OCR 技术将所有报表转化为电子格式文件，再利用 NLP 技术识别同义词，最后利用 RPA 技术实现信息的自动化采集，智能生成尽职调查报告，使整个财务报表信息采集和分析过程的处理时间从几小时缩短至十分钟以内，显著提高了效率，同时提高了准确性。

3. 贷后管理

对批准的贷款申请，银行需出具批准意见书。贷后管理人员需要将审批意见通知发给支行及支行的客户经理，由于审批意见篇幅较长，而且信息多种多样，如企业贷款的用途、资金流向、企业的经营状况，如果是外贸项目还需关注汇率的变动情况等，整个流程难度大且耗时，不同的客户经理对不同信息的理解也存在偏差，这给最终的实施和执行带来了一定的阻碍和挑战。

引入 RPA 后，利用 NLP 技术提取审批意见中的关键信息，按其重要性划分为高、中、低三级，再将所获得的信息发送给客户经理执行。实施 RPA 项目后，银行的贷后管理水平得到了大幅度提高，更好地满足了监管部门的合规要求。

4. 理财报告解析

通过定期查阅上市公司理财公告制作银行理财报告，通过理财公告了解上市公司理财的进展和意向信息，制定银行的营销方向，一般流程是银行员工手动下载理财公告，阅读公告提取关键信息，员工每天下载数百份资料，人工效率低且错误率高。

引入 RPA 后，RPA 可以自动登录网站，下载上市公司的理财公告，利用 NLP 技术提取理财产品名称、股票代码、产品详情、产品收益率、产品金额等关键信息，大大缩短了流程执行时间，提高了业务效率。

（四）人力资源领域

人、财、物三项中人是企业最宝贵的财富，企业间的竞争归根到底是人才的竞争，人才是企业立身之本。在企业经营活动中，人力资源管理是必不可少的一项业务，特别是在经济下行趋势中，节省人力成本是每个企业见效最快的方式。RPA 技术可以实现人力资源管理业务中招聘管理、考勤管理、工资计算、离职管理等流程的自动化处理。

1. 招聘管理

RPA 可以自动登录招聘网站，筛选简历，并发送至各部门负责人。该部门的负责人只需要对筛选后的简历再进行重新判断，决定是否安排面试。RPA 会根据部门负责人的意见，自动发送面试通知邮件，HR 只需与面试对象确认面试行程即可。

2. 考勤管理

RPA 可以自动完成考勤数据的记录和统计。如发现考勤数据信息有异常，RPA 将会给相关人员发送邮件，以便及时进行核对和调整，更有效地管理员工的考勤。

3. 工资计算

RPA 可以自动归集工资数据，计算五险一金、个人所得税信息，自动生成工资单，并将工资单数据逐个发送给对应的员工。

4. 离职管理

RPA 可以及时整理并向下游系统发送离职人员的信息，生成离职文档，并撤销其对企业系统的访问权限。

任务练习

1. 请简述 RPA 的技术特点，并思考哪些工作可以应用 RPA。

2. 请简述 RPA 的功能，并分析这些功能的优势和局限。

3. 简述 RPA 业务流程适用的标准，分析哪些企业业务符合 RPA 业务流程标准。

4. 简述 RPA 基本流程自动化、高级流程自动化和智能流程自动化的联系和区别。

任务二

RPA 基础应用

RPA 开发与应用的本质仍然属于软件工程的范畴，因此常规软件工程有的它也有。本任务将会从这个角度出发，来介绍开发器功能界面的认知、活动作用及属性、设计和调试等工具的功能。通过示例，开启 RPA 的大门，去发现它的魅力。

一、利用 RPA 编写运行消息

任务情境

通过 RPA 编写"你好，财务机器人"的运行消息。

利用 RPA
编写运行
消息

任务内容

（一）RPA 设计步骤（见表 2-1）

表 2-1　RPA 设计步骤

序号	步骤	活动	注意事项
1	创建流程项目	打开 UiPath 开发器，【流程】-【新建流程】-【创建】	位置为完整路径
2	输入文本信息	在活动面板搜索【消息框】，拖入设计区	文本需在英文双引号中输入

（二）操作步骤

步骤一，打开 UiPath 开发器，首先看到的是 Start 页面（见图 2-1），可以在此创建新的流程项目，我们通过【流程】创建一个空白流程项目，"名称"：自定义即可，要易于理解；"位置"：该机器人设计文件存储在计算机中的完整路径，可自行设置，默认路径为：C:\Users\Administrator\Documents\UiPath，也可以在此找到开发机器人的源代码。新建的工作流程文件夹包含 project.json 和 main.xaml 两个文件。单击打开本地项目，选择相应工作流程下面的 json 文件（见图 2-2），就可以打开这个工作流程。

图 2-1　创建流程项目

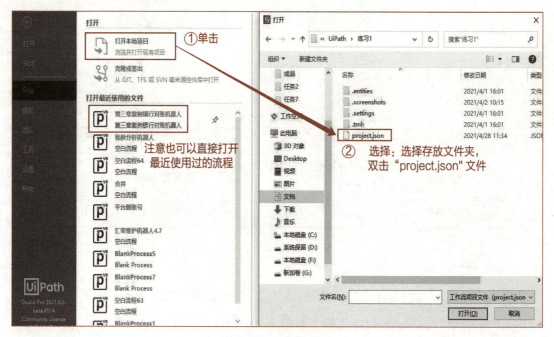

图 2-2　打开本地项目

步骤二，在活动面板中搜索【消息框】，拖拽到设计面板的"+"号位置上，在英文状态的双引号中输入文本"你好，财务机器人"（见图 2-3）。

单击运行，RPA 会自动地弹出一个消息框并输出此消息（见图 2-4）。

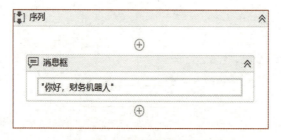

图 2-3　【消息框】属性设置

图 2-4　运行结果

（三）相关知识

1.【消息框】

显示一个具有给定文本的消息框，其属性见图 2-5。

（1）排名最前：如果选中，则始终将消息置于前台。

（2）按钮：指定要在消息框中显示的按钮。

（3）文本：要在消息框中显示的文本。

（4）标题：消息框对话框的标题。

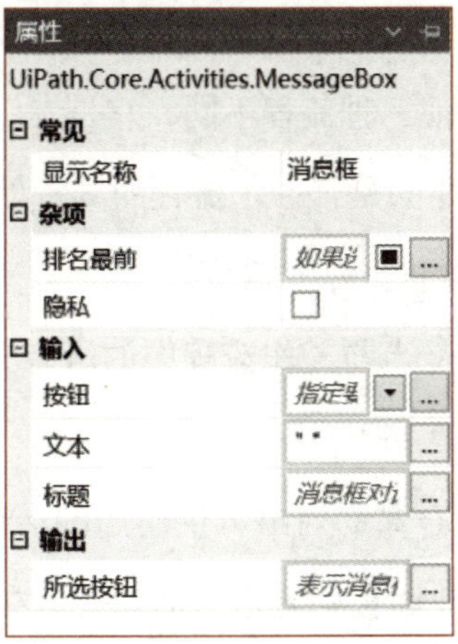

图 2-5 【消息框】属性

2. 功能界面

UiPath 中包含多个功能区，可以便捷地访问特定功能，如用于保存的按钮、用于调试或运行工作流程的调试文件按钮和用于管理程序包的按钮。

功能界面包括：工具栏、项目区、设计区、属性面板这四个区域。工具栏包括设计和调试工具。

（1）工作流程。工作流程是指一段可以完成一系列自动化工作的许多活动的组合，它是一个非常重要的概念。有些工作流程先后顺序是固定的，比如某个流程需要先登录网址，才能依次输入账号和密码，而不是先输入账号和密码，然后再登录网址。有些工作流程的顺序是不固定的，需要视具体开发情况而定。

工作流程支持四种不同的流程项目：序列、流程图、状态机和全局处理程序。

① 序列。活动是自上而下的排列，适用于线性流程，它使程序从一个活动顺利地转移到另一个活动，而不会使项目变得混乱。但序列并不意味着它只能执行单线条简单的流程，它甚至可以通过【IF 条件】【遍历循环】等活动实现非常复杂的过程，只是看起来没有流程图直观而已。

② 流程图。活动按流程线单向排列，适用于更复杂的业务逻辑，包括多个逻辑决策分支和路径，使条件循环和步骤循环能够轻松地被实现。一般而言，使用流程图可以设计较高级、较复杂的流程，而序列可以使用在设计复杂流程中更低层次的子流程中。

③ 状态机。适用于大型项目，它们在执行过程中使用有限数量的状态，这些状

态由条件或活动触发。

④ 全局处理程序。和其他三种流程不同，它是专门用来处理异常情况的，用于识别执行错误的流程。最重要的是，一个流程的异常处理框架的好坏直接影响到整个项目的代码质量以及后期维护成本和难度。

（2）项目面板，显示的是当前工作流程中的所有文件，包括但不限于".xaml"".json"".xlsx"".txt"（见图 2-6）。

（3）活动面板，以树状形式罗列出可供使用的活动（见图 2-7），使用的活动不同，达到效果的也不同。此面板中有很多活动，可在搜索栏中进行搜索查找，既可以搜索活动的中文名称，也可以搜索活动的英文名称，但不能有错别字。

图 2-6　项目面板

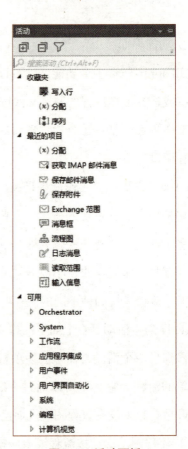

图 2-7　活动面板

（4）代码片段，以树状形式罗列出可供使用的代码（见图 2-8），还可以将自己的代码片段放进去，以方便后期再次使用，提高开发效率。使用鼠标将 .xaml 文件从代码片段中拖拽到设计面板，即可以应用此代码。

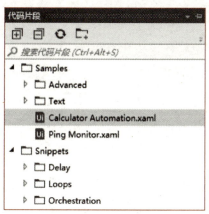

图 2-8　代码片段

（5）设计面板，用于添加、修改和显示工作流程的代码，见图 2-9。设计面板中包含了变量（Variables）、参数（Arguments）和导入（Imports）功能，并且可以创建和修改变量、参数和导入。参数主要用于从一个项目到另一个项目的数据传递，从全局的角度上讲，它与变量的作用相似，用途都是实现动态数据的存储和传递。参数类型与变量类型一致，不同的是变量在序列中各个活动之间传递数据，而参数则是在流程项目之间传递数据。参数的方向包括输入和输出，即明确存储的信息应该放在什么位置。建立参数的方式和建立变量的方式相似，主要有两种，一种是在活动中创建，右键选择"创建输入参数"（快捷键 Ctrl + M）或"创建输出参数"（快捷键 Ctrl + Shift + M）；另一种是在参数面板中创建。

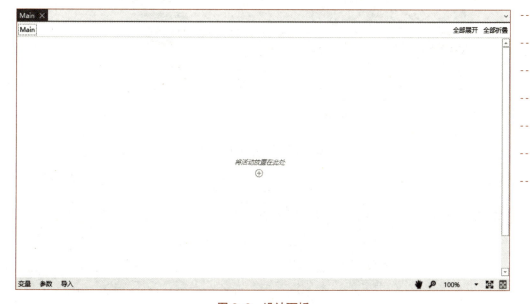

图 2-9　设计面板

温馨提示

在设置参数名称时，通常在参数名称前加上前缀"in_"或"out_"以区分参数类型，在参数面板中会显示已添加的参数信息，通过参数面板可以修改参数方向、参数类型、默认值信息，还可以删除已添加的参数信息。

（6）属性面板显示的是已选中活动的属性（见图2-10）。在属性面板中可对活动的属性进行设置，不同的活动需要设置不同的属性，相同的活动要实现不同的效果，设置的属性也不同。

（7）输出面板显示的是通过【日志消息】和【写入行】两个活动运行输出的结果，它还可以显示某个活动调试时运行的情况及运行错误的信息。通过单击输出面板标题中的按钮，可以隐藏或显示时间戳、错误、警告、信息或跟踪数据，双击消息将显示更多详细信息（见图2-11）。

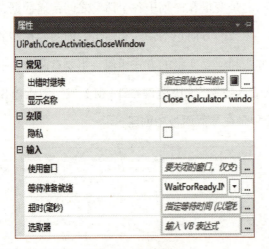

图2-10　属性面板

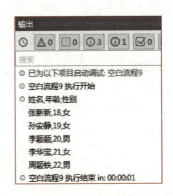

图2-11　输出面板

（8）综上，常见功能及其他的功能附录见表2-2。

表2-2　功能附录

功能选择卡	工具	功能
设计	新建 （New File）	新建一个工作流程，可以是序列、流程图、状态机、全局处理程序
	保存 （Save）	保存当前正在操作的工作流程

功能选择卡	工具	功能
设计	导出为模板（Export as Template）	将现在的流程保存为模板，以便再次使用时可以直接调用
	管理程序包（Manage Packages）	用来维护活动的程序包，很多活动不经常使用或者占用较大储存空间的，在流程创建之初并没有启用，当需要使用的时候可以在此维护相关活动的程序包
	录制（Recording）	通过屏幕中录制操作的方式，把流程动作所需的活动依次记录下来，形成工作流程
	录屏抓取（Screen Scraping）	抓取的对象是用户指定元素中的所有文本
	数据抓取（Data Scaping）	从浏览器、应用程序或文档中的结构化数据提取到数据库、Csv（Comma-separated Value，被逗号分隔的取值）文件甚至 Excel 电子表格中
	用户界面探测器（UI Explorer）	探测用户界面元素，通过指出元素，可以再次选定元素，也可以高亮显示，在界面中将该元素显示出来以便判断目标元素是否抓取成功 注：探测器只是验证元素是否存在，通常在涉及相关桌面操作活动中使用
	发布（Publish）	此功能可将设计开发的自动化项目发布到 Orchestrator（集中管理中心）服务器，以便在前台和后台中控制执行自动化流程
调试	调试文件（Debug File）	可以通过调试文件功能执行设计的工作流程，查看工作流程是否能流畅运行
	停止（Stop）	用于停止项目的执行，当没有流程运行时，按钮呈现为灰色，是无法选中的
	进入（Step Into）	一次仅调试一个活动。触发此操作后，调试器会打开活动，并在执行该活动前对其进行高亮显示
	跳过（Step Over）	在使用时，该操作会调试下一活动，高亮显示容器（如流程图、序列或【调用工作流程文件】活动）却不打开它们
	跳出（Step Out）	此操作作用于在当前容器级别退出。"退出"操作会先结束执行当前容器中的活动，然后继续调试。此选项非常适用于嵌套序列
	重试（Retry）	会重新执行上一个活动，遇到异常时会再次引发该异常。系统会高亮显示引发异常的活动，并在"局部"和"调用堆栈"面板中显示错误详情

续表

功能选择卡	工具	功能
调试	忽略（Ignore）	可用于忽略遇到的异常，继续执行下一个活动，以便完成剩余工作流程的调试
	重新启动（Restart）	此操作用于从项目的第一个活动开始重启调试流程。请注意，如果在使用"从此活动运行"操作后使用此选项，系统便会从先前指定的活动重启调试
	焦点（Focus）	"焦点"按钮在浏览流程后使用，它是返回到造成错误的活动并恢复调试过程的简便方式
	慢步骤（Slow Step）	用于在调试过程中更仔细地查看任何活动。启用了此操作时，调试过程中将高亮显示各项活动
	断点（Breakpoints）	该选项用于在调试项目时定义断点

二、利用 RPA 判断资产负债率高低

任务情境

通过输入资产负债率判断公司负债是否过高，当资产负债率高于 70%，提示有风险，否则提示正常。

任务内容

（一）RPA 设计步骤（见表 2-3）

表 2-3 RPA 设计步骤

序号	步骤	活动	注意事项
1	输入资产负债率	【输入对话框】	在属性面板输出中创建变量
2	添加判断条件	【IF 条件】	输入判断条件
3	输出负债是否过高的消息	【消息框】	有风险和正常的提示，注意正确位置

（二）操作步骤

步骤一，在活动面板中搜索【输入对话框】并添加至设计面板。在其属性面板设置内容参数（见图 2-12），在"标题"处输入"请输入一个 0 到 1 的数字"，在

"结果"处创建变量"zcfzl",并修改其数据类型为 Double。

步骤二,在活动面板中搜索【IF 条件】添加至【输入对话框】下方,然后在"Condition"处输入条件"zcfzl>0.7"。在"Then"框和"Else"框中分别添加一个【消息框】。在"Then"消息框处输入"有风险";在"Else"消息框处输入"正常"(见图 2-13)。运行并查询结果。

整体流程设计见图 2-14。

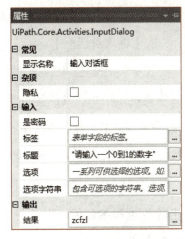

图 2-12 【输入对话框】属性设置

利用 RPA 判断资产负债率高低

图 2-13 【IF 条件】属性设置

图 2-14 整体流程

（三）相关知识

1.【输入对话框】

显示一个对话框，通过其中的标签消息和输入字段提示用户，其属性见图2-15。

（1）显示名称：该活动的显示名称，可以进行修改，但并不改变活动本身的用途。

（2）隐私：将其选中后则不记录程序活动产生的变量和参数值。默认是非选中状态，一般不需要设置。

（3）标签：表单字段的标签。

（4）标题：输入对话框的标题。

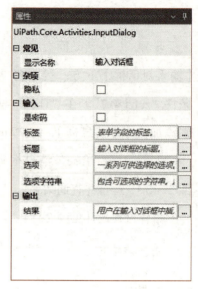

图2-15　【输入对话框】属性介绍

2.【IF条件】

对"If-Then-Else"条件建模，输入逻辑判断的条件，其属性见图2-16。

图2-16　【IF条件】属性

（1）条件：决定执行哪些活动时需要评估的条件。

（2）Then：当条件为真时，则执行Then框中的活动。

（3）Else：当条件为假时，则执行Else框中的活动。

3. 变量

（1）变量定义。在UiPath中变量的应用非常频繁，它主要存储某个活动的运行结果，在流程设计中起到数据传递作用。变量包含名称、变量类型、范围和默认值（见图2-17）。

① 名称：必填项，必须给变量命名，且命名有一定的规则，不区分大小写，

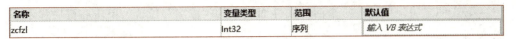

名称	变量类型	范围	默认值
zcfzl	Int32	序列	*输入 VB 表达式*

图 2-17　变量

可以使用中文也可以使用英文，但不能有空格和特殊符号，也不可以使用数字作为变量名称的开头，如"data""message"可作为变量的名称被使用，而"1 data""data*1"则不符合要求。实际上，只要注意一下变量的创建规则就可以了，因为每个人创建的变量名称可能是不同的，但要注意的是创建的变量名称不能重复。

② 变量类型：必填项，可从下拉菜单选项中选择以下类型：String、Boolean、Int32、Object、DataTable、Array of［T］等。不同变量类型有着不同的应用。

③ 范围：必填项，指的是变量可作用的区域。变量范围的作用非常重要，如果在开发设计过程中，出现蓝色感叹号提示"它可能因其保护级别而不可访问"，那么就要有意识地检查一下变量的范围是否设置有误。例如，有两个范围：序列（一）和序列（二），如果在序列（二）中创建了一个变量，那么在序列（一）中是不能使用该变量的，此时就需要将该变量范围设置为序列（一）（见图 2-18）。

图 2-18　变量范围

④ 默认值：选填项，显示变量的默认值，在自动化流程开始运行的时候，如果填充了默认值，那么变量就会获得这个默认值。如果此字段为空，则变量将会使用其类型的默认值进行初始化。例如，对于 Int32，默认值为 0。

（2）创建变量。在 UiPath 中，有两种创建变量的方法。

第一种方法，在变量面板中创建：在设计器选项卡上单击"变量"按钮，展开变量面板，单击"创建变量"，将会自动生成一个新的默认变量，可根据需求进行设置（见图 2-19）。

名称	变量类型	范围	默认值
variable1	String	序列	*输入 VB 表达式*

创建变量　→②单击输入新变量名称
　　　↑①单击

变量　参数　导入

输出　错误列表　查找引用　断点

图 2-19　创建变量——方法一

第二种方法，在任意一个活动属性面板中的"输出"位置，单击右键后显示一个菜单，选择"创建变量"，该框中显示"设置变量"的提示后，即可输入变量名称（见图2-20）。亦可使用快捷键"Ctrl＋k"来创建变量。

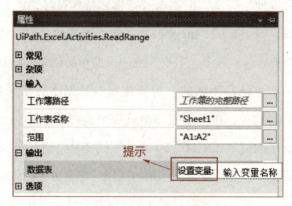

图 2-20　创建变量——方法二

　　（3）变量类型。变量类型是所有计算机语言都会涉及的内容，其作用是确定变量在内存中存放的方式和占用内存空间的大小。变量类型如表 2-4 所示。

表 2-4　变 量 类 型

变量类型	含义	示例
String	字符串数据类型，用于存储任意类型的信息	"1"
Boolean	布尔型，输出 True 或 False，用于判断做出决策	Ture，False
Int32	整数类型（范围在 $-2^{31} \sim 2^{31}-1$ 内）用于计算	1
DateTime	时间类型，用于存储有关任何日期和时间的信息	03/25/2021 15:21:57
Array of [T]	集合，可用于存储同一类型的多个值，具有固定的大小	{{"key1", "value1"}, {"key2", "value2"}}
List	列表，可用于存储同一类型的多个值，可以被延长或缩短	{{"key1", "value1"}, {"key2", "value2"}, ...}
Double	表示精度更高的数字，可以是整数，可以是小数	3.141 592 6
DataTable	可充当数据库，用于存储二维数据结构的 DataTable 数据，具有行和列的属性	—

三、利用 RPA 循环打印偶数数字

利用 RPA
循环打印
偶数数字
方法一

任务情境

依次打印出 1 到 20 中的偶数。

任务内容

（一）RPA 设计步骤（见表 2-5）

表 2-5 RPA 设计步骤

序号	步骤	活动	注意事项
1	设置循环数值类型和限制条件		设置变量及类型为 Int32
2	确定类型取值	【分配】	
3	设置循环条件（小于 20）	number<upper	分别添加，分别输入
4	设置限制条件（为偶数）	number = number + 2	
5	输出结果	【日志消息】	

（二）操作步骤

方法一：通过【先条件循环】，先判断预设条件是否满足，如果满足则进入循环体，执行一系列活动，直至不满足判断条件，则跳出循环体。

步骤一，创建 Int32 类型的变量 "number" 和 "upper"（见图 2-21）。

名称	变量类型	范围	默认值
number	Int32	序列	输入 VB 表达式
upper	Int32	序列	输入 VB 表达式
创建变量			

图 2-21 创建变量

步骤二，添加两个【分配】，分别将 "0" 赋值给变量 "number"，将 "20" 赋值给变量 "upper"（见图 2-22）。

步骤三，添加 "先条件循环"，设置 "条件" 为 "number<upper"（见图 2-23）。

步骤四，添加【分配】至 "正文" 中，将 "number + 2" 赋值给变量 "number"。

步骤五，添加【日志消息】，设置 "日志级别" 处为 "Info"，"消息" 处输入变量 "number"（见图 2-24）。

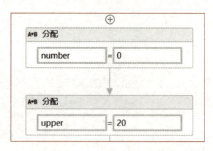

图 2-22　"分配"属性设置

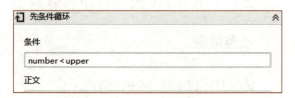

图 2-23　【先条件循环】属性设置

运行后，在输出面板查看结果（见图 2-25）。

整体流程设计见图 2-26。

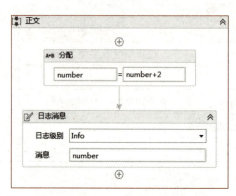

图 2-24　设置循环体

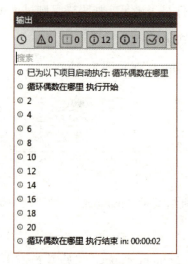

图 2-25　运行结果

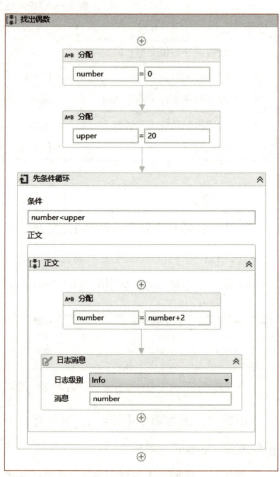

图 2-26　整体流程

利用 RPA
循环打印
偶数数字
方法二

方法二：通过【后条件循环】：先进入循环体执行一系列活动，再判断预设条件是否满足。如果满足，则再次进入循环体；直至条件不满足时，则跳出循环。

步骤一，创建变量"number"和"upper"，其数据类型均为Int32（见图2-27）。

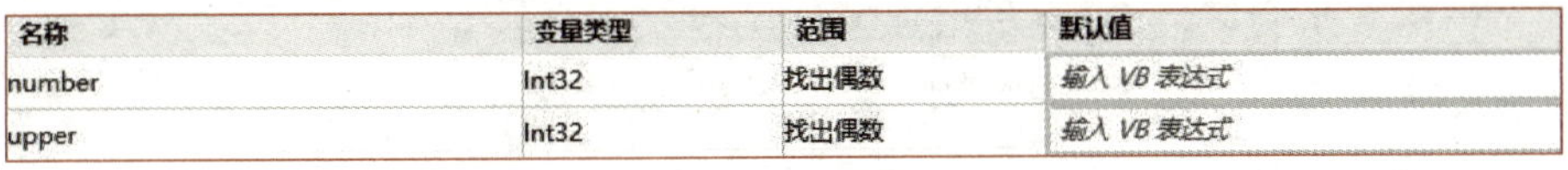

名称	变量类型	范围	默认值
number	Int32	找出偶数	输入 VB 表达式
upper	Int32	找出偶数	输入 VB 表达式

图2-27 创建变量

步骤二，添加两个【分配】，分别将"0"赋值给变量"number"，将"20"赋值给变量"upper"（见图2-28）。

步骤三，添加【后条件循环】，设置条件为"number<upper"。

步骤四，添加【分配】至"正文"中，将"number+2"赋值给变量"number"（见图2-29）。

步骤五，添加【日志消息】，设置"日志级别"处为"Info"，"消息"处输入变量"number"。

运行后，在输出面板查看结果（见图2-30）。

整体流程设计（见图2-31）。

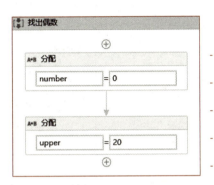

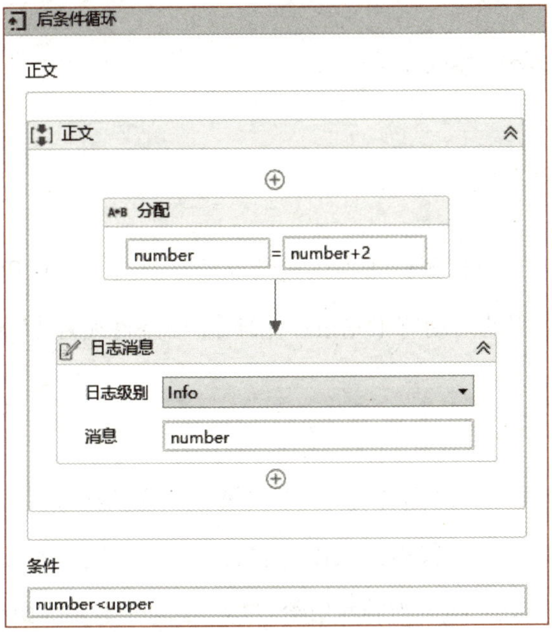

图2-28 【分配】属性设置

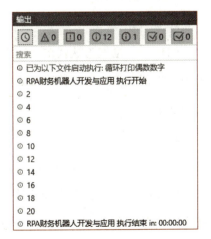

图2-29 【后条件循环】属性设置

图2-30 运行结果

37

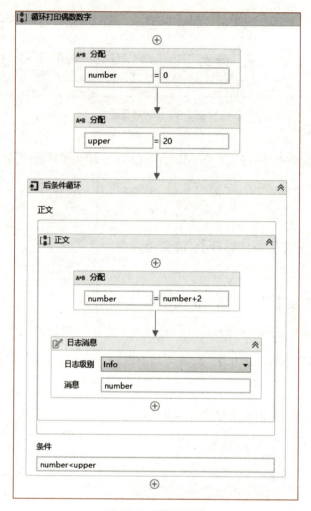

图 2-31　整体流程

（三）相关知识

1. 循环语句

循环语句也称为迭代语句，作用是根据预设条件满足情况重复执行一段代码，可用于处理数组、集合类的数据。常用的活动有【先条件循环】【后条件循环】【遍历循环】。

2.【分配】

【分配】活动的中间有一个等号，左右两侧各有一个文本框，分别是"To"和"输入 VB 表达式"。在刚开始接触的时候，很多人误以为它表示等式，实则不然，其作用是活动运行时将"输入 VB 表达式"中的内容赋值给"To"中的变量。例如在 To 中创建变量"test"，并在"输入 VB 表达式"位置中输入公式"(1＋1). ToString"，也就是将"(1 + 1). ToString"赋值给变量"test",并通过【日志消息】打印输出结果就是 2。

四、利用 RPA 排序债券到期日期

任务情境

对债券数据表中的到期日由近及远,以递增的顺序进行排序,见图 2-32。

	A	B	C	D	E
1	债券名称	年利率(%)	购买日期	产品期限	到期日
2	中银信用债券	3.52	2020/1/1	1年	2021/1/1
3	国债1625	6.72	2020/1/1	7年	2027/1/1
4	14渝长寿	2.79	2020/1/1	2年	2022/1/1
5	国债1305	7.22	2020/1/1	8年	2028/1/1
6	14江北嘴	5.31	2020/1/1	3年	2023/1/1
7	13国债24	6.21	2020/1/1	5年	2025/1/1
8	国债1701	5.37	2020/1/1	6年	2026/1/1
9	14杭拱墅	5.74	2020/1/1	4年	2024/1/1

图 2-32 债券数据表

任务内容

(一)RPA 设计步骤(见表 2-6)

表 2-6 RPA 设计步骤

序号	步骤	活动	注意事项
1	打开 Excel 表格	【Excel 程序应用范围】	目的是打开要处理的 Excel 表格
2	读取数据表	【读取范围】	使用 Excel 条目下的读取范围
3	对日期进行排序	【排序数据表】	自动排序,排序顺序的设置
4	排序后的内容写入到新的工作表中	【写入范围】	使用 Excel 条目下的写入范围

(二)操作步骤

步骤一,添加【Excel 应用程序范围】,设置待读取文件的路径(见图 2-33)。

步骤二,在活动面板中搜索【读取范围】添加至【Excel 应用程序范围】的"执行"中,在其属性面板设置参数内容(见图 2-34),设置"工作表名称"为"Sheet1","范围"为空,"数据表"处创建变量"data","添加标头"为勾选。

利用 RPA
排序债券
到期日期

图 2-33 【Excel 应用程序范围】属性设置

步骤三，在活动面板中搜索【排序数据表】添加至【读取范围】下方，在其属性面板设置参数内容（见图 2-35），设置"名称"为"到期日"，"顺序"为"Ascending"；"输入——数据表"为变量"data"；"输出——数据表"为变量"sort"。

图 2-34 【读取范围】属性设置

图 2-35 【排序数据表】属性设置

步骤四，在活动面板中搜索 Excel 条目下的【写入范围】添加至【排序数据表】下方，在其属性面板设置参数内容（见图 2-36），设置"工作表名称"为"Sheet2"，"起始单元格"为空或"AI"，"数据表"处为变量"sort"，"添加标头"为勾选。

步骤五，运行后查看结果（见图 2-37），打开"债券信息 .xlsx"文件，查看"Sheet2"工作表中的"到期日"列是否排序成功。

整体流程设计见图 2-38。

图 2-36 【写入范围】属性设置

	A	B	C	D	E
1	债权名称	年利率(%)	购买日期	产品期限	到期日
2	中银信用债权	3.52	2020/1/1	1年	2021/1/1
3	14渝长寿	2.79	2020/1/1	2年	2022/1/1
4	14江北嘴	5.31	2020/1/1	3年	2023/1/1
5	14杭拱墅	5.74	2020/1/1	4年	2024/1/1
6	13国债24	6.21	2020/1/1	5年	2025/1/1
7	国债1701	5.37	2020/1/1	6年	2026/1/1
8	国债1625	6.72	2020/1/1	7年	2027/1/1
9	国债1305	7.22	2020/1/1	8年	2028/1/1

Sheet1　Sheet2　+

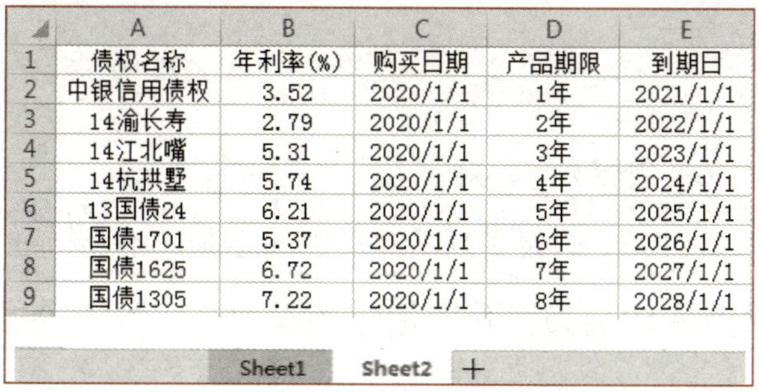

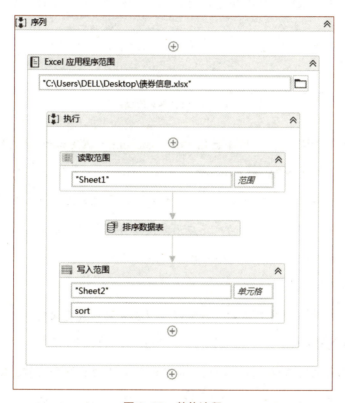

图 2-37　运行结果

图 2-38　整体流程

（三）相关知识

【遍历循环】：对列表、数组或其他类型的集合里的每一个元素执行一个活动或一系列活动，其属性见图 2-39。

① 值：所需输入的 VB 表达式，即遍历的对象。

② TypeArgument：遍历集合中元素的数据类型。

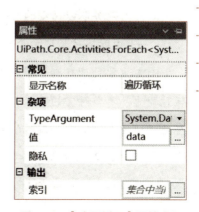

图 2-39　【遍历循环】属性介绍

任务练习

1. 试着运行出文本内容为"你好，人类！"的消息框。

2. 根据分值（1~100）的大小判断对应的成绩是"不及格""良好"还是"优秀"，判断依据为不足 60 分为"不及格"，60 及 60 分以上至 90 分为"良好"，90 及 90 分以上为"优秀"。

3. 分别用【先条件循环】和【后条件循环】找出数字 1 到 10 中的奇数。

🔍 前沿资讯

RPA 助力财务职能转型

美国管理会计师协会（The Institute of Management Accountants，IMA）于 2020 年 7 月 20 日发布了《RPA 推动财务职能变革》的报告。该报告指出。随着大数据、云计算、移动互联网、人工智能、区块链等先进数字化手段的综合应用，财务数据的价值日益凸显，特别是 RPA 的广泛应用，使财务工作从过去的核算式转变为管理式，实现财务由传统反映式向数据共享、信息传输自动化、财务职能智能化和机器学习智慧化发展的转变。

通过 RPA 技术在财务领域的应用可以替代或辅助财务人员完成许多工作，从中我们也认识到能够被 RPA 替代的财务人员或任务场景终将消失，因此从事基础工作的财务人员要有危机意识，应主动提高自己的业务能力和综合素质。RPA 作为一种企业青睐的新技术，为财务职能的转型提供了明确、可持续的方向。

RPA 对财务职能转型的影响主要表现在以下几个方面：

（一）由财务核算型向管理分析型转变

RPA 主要处理规则性强、工作量大、重复性高的机械式作业，将替代人类完成耗时费力、不合时宜的手工作业，在提高效率的同时节省了大量的运营成本。无论企业规模的大小，业务流程的繁简，以及业务流程自动化程度的高低，RPA 项目的实施都可以突显 RPA 在财务领域的应用优势，可以迅速提供高质量的财务数据，改善数据获取渠道，使财务人员摆脱事务性流程，提升附加值。因此财务人员无须再过度关注核算准确与否，而是转向拓展分析能力、管理能力等。

（二）由财务专业精深向复合型人才转变

新兴技术越来越发达，移动互联网越来越普及，计算机处理能力越来越强，人工智能的运用遍及生活的各个方面，不积极主动拥抱新兴科技的人员终将被时代抛弃。尽管 RPA 是一种低代码产品，但低代码只适用于流程简单的小型机器人，如果涉及复杂业务或环境多变的场景机器人的开发，就需要一定的计算机知识。与此同时，RPA 项目的成功实施离不开财务人员、技术人员、业务人员通力合作，通过不断优化和完善业务流程，结合自动化技术进行设计开发，并不断进行调试，才能确保机器人稳定，以便上线运行。精业务、懂数据、擅分析和会工具的复合型人才是大数据时代企业所需要的。

（三）做懂业务的管理会计人员

RPA 是用户界面下，实现业务流程的自动化，其重点在于业务流程的执行。试想如果财务人员不懂业务，如何判断企业的业务流程是否必要，是否可以缩减，是否需要优化，执行量是否巨大，运营成本与收益是否匹配等问题，可以说不懂业务流程，不能梳理和管理业务流程的企业，就不能使 RPA 走得更远，财务人员不懂业务，最后只能是空中楼阁，所提供的数据分析结果也不能真正支持运营决策，因此财务人员必须深入生产一线和产品市场，熟悉生产流程和业务市场情况。需要掌握管理会计的专业技能，精通业务，并与经营活动紧密结合起来，财务人员才能提供真正有助于企业的信息。无论是企业的数字化转型，还是政府机构的数字化转型，第一步都是要实现业财一体化，从业务一线入手到业财融合，只有在基于业务流程顺畅运行的基础上，利用计算机技术，才能更有价值地分析与决策，提供信息以支持企业作出决策。

（四）创造大量的潜在工作岗位

许多主流的新闻媒体都有这样的担忧："RPA 将剥夺人类的工作，人类将被机器人取代。"这一担忧正逐渐被放大，因为机器人近年来在各种人机比赛中表现都很抢眼。如无人飞机的普及，飞行员的淘汰给航空从业人员带来无尽的恐慌，而我们知道，一架无人飞机的顺利飞行、落地、返航等操作，需要控制中心近百名工作人员协同完成，因此一些飞行员岗位的取代会带来数个无人飞机控制中心的岗位。在财务领域，机器人取代的仅仅是规则化的、重复性高的、低价值劳动任务，却解放了员工的时间和精力，使得财务人员有更多的时间和精力去从事更有价值的工作，创造更多的诸如机器人管理、人机协作等岗位。

模块二
RPA 在财务中的应用

2

　　从第一代计算机的诞生到如今计算机的快速普及、社会信息化的蓬勃发展、移动互联网的广泛应用，企业与个人都面临着前所未有的压力与挑战。过去粗放式、手工式的数据管理和处理方式已经明显不能适应当今社会的发展需求，瞬息万变的市场、竞争激烈的环境都要求企业的各项业务管理必须做到精细和高效。

　　Excel，是目前公认的表格化数据处理的得力助手，很多用户也能熟练应用 Excel 进行数据分析，但是在面对千、万、亿量级的数据处理时，仅通过人工手动操作则显得力不从心。

　　Email，是目前互联网应用最为广泛的服务，是企业办公、日常生活学习中重要的信息通信载体。然而在部门与部门之间、个人与个人之间基于 Email 方式的多维度、多层次的信息沟通，如果仅依靠人工处理的方式很难做到及时且高效的任务协同处理。

　　Web，随着信息化的不断发展，在工作和生活中 web 成为每日必不可少的应用，而 Web 应用的真正核心是对海量的数据进行处理，但 Web 中存在的信息非常复杂，大多需要处理后才能被使用。

　　面对上述困境时，就需要使用到 RPA，通过 RPA，可以在大量、重复性的工作中获取更为精确的信息，并大大提高工作效率，从而增强个人以及企业的社会竞争力。

学习目标 >>>

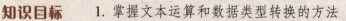

知识目标	1. 掌握文本运算和数据类型转换的方法
	2. 掌握【发送 SMTP 邮件消息】、【保存附件】的含义和方法
	3. 掌握【打开浏览器】、【获取文本】的含义和方法

技能目标

1. 会通过 RPA 汇总、筛选、删除、增加 Excel 表格数据
2. 会通过 RPA 自动下载、发送、查看邮件信息
3. 会通过 RPA 登录网址、录制数据、抓取数据

素养目标

1. 具备良好的学习能力和动手操作能力，能够接受新事物的思维
2. 遵循诚实守信的职业道德

学习导图 ▶▶▶

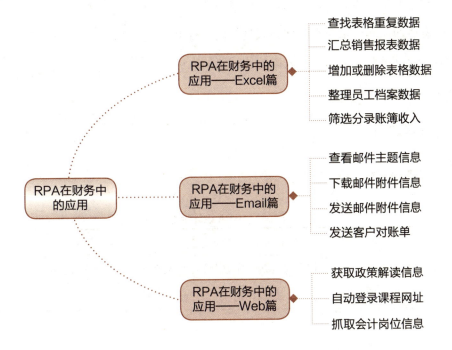

任务三

RPA 在财务中的应用——Excel 篇

作为微软的合作伙伴，UiPath 直观、易用、开放的 RPA 平台能够让非技术人员（如财务人员等）在不需要大量软件编程知识的前提下，快速、高效地为日常重复性的 Excel 操作实现自动化，从而提高工作效率，改善工作体验。

一、查找表格重复数据

任务情境

人事部的小李送来一张人员信息表（见图 3-1），公司需要根据员工的工龄发放津贴，但财务部的小华在查看后却发现这张报表中部分人员的信息有重复，需要通过机器人自动删除表中这些重复的人员信息。

	A	B	C	D	E
1	姓名	性别	年龄	工龄	
2	张三	男	25	2	
3	李四	女	26	3	
4	王五	男	27	4	
5	赵六	女	28	5	
6	张三	男	25	2	
7					

图 3-1　人员信息表

任务内容

（一）RPA 设计步骤（见表 3-1）

表 3-1　RPA 设计步骤

序号	步骤	活动	注意事项
1	打开工作表	【Excel 应用程序范围】	以英文状态双引号输入工作簿完整路径
2	查找删除重复信息	【删除重复范围】	设置范围

（二）操作步骤

步骤一，在设计面板添加【Excel 应用程序范围】活动，在"工作簿路径"中以英文状态双引号下输入"人员信息表 .xlsx"文档在计算机中的完整路径或者通过单击"文件夹"图标，去选择"人员信息表 .xlsx"。

查找表格重复数据

48

步骤二，在活动面板中搜索【删除重复范围】添加至【Excel 应用程序范围】的"执行"中，设置"范围"为 "A1:D6"，"工作表名称"为 "Sheet1"（见图 3-2）。

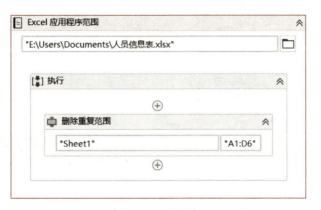

图 3-2　【删除重复范围】属性设置

步骤三，单击"运行"按钮，待程序运行完毕后，打开该 Excel 文档，可以看到，原 Excel 文档中有两行"张三"的重复内容，在程序运行完毕后，原重复内容被删除了一行，且该行内容为非首次出现的内容（见图 3-3）。

	A	B	C	D	E
1	姓名	性别	年龄	工龄	
2	张三	男	25	2	
3	李四	女	26	3	
4	王五	男	27	4	
5	赵六	女	28	5	
6					
7					

图 3-3　调整后的人员信息表

（三）相关知识

1.【Excel 应用程序范围】

打开一个 Excel 文件，为其他 Excel 活动提供应用程序基础。当该活动结束时，会关闭已打开的 Excel 文件。如果不存在指定文件，则会在项目所在文件夹中新建一个指定文件名称的 Excel 文件，其属性见图 3-4。

（1）密码：指工作簿的密码，如果工作簿在访问时受密码保护，则在此进行设置，输入对应的密码。

（2）工作簿路径：指工作簿的完整路径，如果工作簿路径没有文件扩展名，则会引发错误。

（3）编辑密码：指要编辑工作簿所需的密码，如果有需要时在此进行设置。

（4）工作簿：输出的类型为 WorkbookApplication。

2.【删除重复范围】

作用是从某个范围删除重复行，该活动仅在【Excel 应用程序范围】内有效。

其属性见图 3-5。

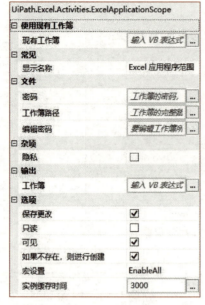

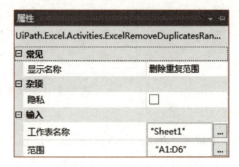

图 3-4　【Excel 应用程序范围】属性　　　　图 3-5　【删除重复范围】属性

（1）工作表名称：默认值为"Sheet1"，工作簿中的工作表名称，该字段仅支持字符串或字符串变量。

（2）范围：删除指定范围内重复的所有行，该字段仅支持字符串或字符串变量。

二、汇总销售报表数据

任务情境

销售一店和销售二店分别交来了当天的销售报表，财务部小华需要将两张销售报表合并成当日的销售汇总表，两张表格中商品名称的顺序都是固定，需要通过财务机器人来实现销售报表的汇总。销售统计表见图 3-6。

	A	B	C	D
1	商品	销量	单价	销售额
2	A商品	60	180	10800
3	B商品	35	168	5880
4	C商品	80	159	12720

销售报表一店

	A	B	C	D
1	商品	销量	单价	销售额
2	A商品	100	185	18500
3	B商品	30	160	4800
4	C商品	60	155	9300

销售报表二店

	A	B	C
1	商品	一店销售额	二店销售额
2	A商品		
3	B商品		
4	C商品		

销售汇总表

图 3-6　销售统计表

汇总销售报
表数据

任务内容

（一）RPA 设计步骤（见表 3-2）

表 3-2　RPA 设计步骤

序号	步骤	活动	注意事项
1	读取销售报表一店数据	【读取范围】	使用工作簿下的【读取范围】和【写入范围】
2	写入销售汇总表	【写入范围】	
3	读取销售报表二店数据	【读取范围】	
4	写入销售汇总表	【写入范围】	

（二）操作步骤

步骤一，在设计面板添加【读取范围】活动。

?／温馨提示

在活动面板中搜索【读取范围】后会有两个活动（见图 3-7），其中 Excel 条目下的【读取范围】必须要在【Excel 应用程序范围】中使用；而工作簿条目下的【读取范围】可单独使用。在本任务中使用的是工作簿条目下的活动。

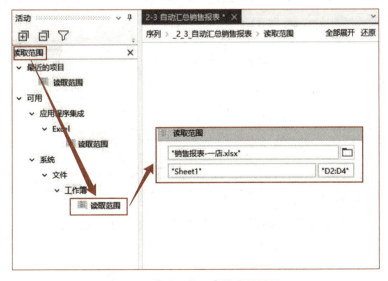

图 3-7　【读取范围】搜索的结果

添加工作簿下的【读取范围】，在其属性面板设置参数内容（见图 3-8），设置"工作簿路径"为"销售报表－一店.xlsx"；"范围"为"D2:D4"；"数据表"处创建名为"xsbb1"的变量，其数据类型默认为 DataTable；"添加标头"为非勾选。

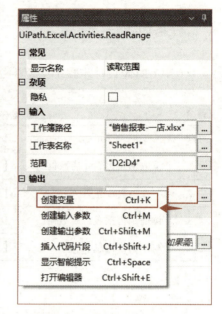

图 3-8 【读取范围】属性设置

当在活动属性面板中输出的位置直接创建变量时，系统会自动给出它所属的默认范围，如需在默认范围之外使用该变量，可在变量面板"范围"处的下拉三角箭头中进行修改（见图 3-9）。本任务比较简单，只有一个范围即"_2_3_ 自动汇总销售报表"。

图 3-9 范围

步骤二，在活动面板中搜索【写入范围】添加至【读取范围】下方，设置"工作簿路径"可通过文件夹图标去选择"销售汇总表.xlsx"文件；"起始单元格"为"B2"，"数据表"处为变量"xsbb1"（见图 3-10）。

图 3-10 【写入范围】属性设置

以上操作步骤即完成了将销售一店的销售报表汇总到了销售汇总表的开发设计。

步骤三，参照步骤一、步骤二的操作将销售二店的销售报表汇总到销售汇总表。整体流程设计见图 3-11。

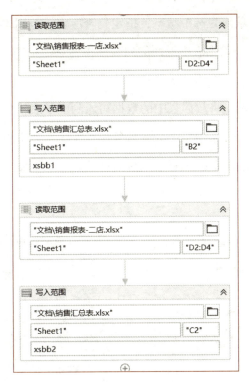

图 3-11　整体流程

（三）相关知识

1.【读取范围】

将电子表格中以"范围 Excel 格式"存在的范围值读取为数据表，如果未指定范围，则读取整个电子表格，如果将范围指定为某个单元格，则从该单元格开始读取整个电子表格。其属性见图 3-12。

（1）工作簿路径：指工作簿的完整路径，如果工作簿路径没有文件扩展名，则会引发错误。

（2）工作表名称：工作簿中的工作表名称，默认值为"Sheet1"，该字段仅支持字符串或字符串变量。

（3）范围：指定待读取的单元格范围，如果未指定范围，则读取整个电子表格，如果将范围指定为一个单元格，则从该单元格开始读取整个电子表格。

（4）数据表：输出存储了已读数据的数据表对象。

（5）保留格式：默认为非选中状态，保留单元格（货币、日期等）中显示的格式，将逐个单元格地读取该范围，且其性能不如批量读取。

（6）密码：指工作簿的密码，如果有需要时在此进行设置。

（7）添加标头：默认为选中状态，指定是否应将该范围中的首行视为列标头定义，如果设置为 False，数据表中返回的列名称将为空。

2.【写入范围】

从起始单元格开始，将数据表中的数据写入到电子表格中，如果未指定起始单元格，则从 A1 单元格开始写入。如果工作表不存在，则使用"工作表名称"新建一个工作表。数据表范围中的所有单元格都将被覆盖。所做更改会立即保存。其属性见图 3-13。

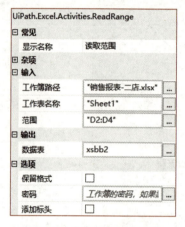

图 3-12 【读取范围】属性　　　图 3-13 【写入范围】属性

（1）起始单元格：数据写入的起始单元格，默认值为 "A1"，该字段仅支持字符串或字符串变量。

（2）数据表：指待输入的数据表，支持 DataTable 类型的变量。

（3）添加标头：指定是否应将该范围中的首行视为列标头定义。如果设置为 False，数据表中返回的列名称将为空。

三、增加或删除表格数据

任务情境

财务部小华觉得员工薪酬表中"性别"列的内容是非有效信息，需要将人员信息表的"工龄"列替换至员工薪酬表中"性别"列的位置。员工薪酬表及人员信息见图 3-14。

	A	B	C	D	E
1	姓名	性别	基本工资	职级工资	工资合计
2	张三	男	2000	1000	3000
3	李四	女	1800	970	2770
4	王五	男	1900	980	2880
5	赵六	女	1880	950	2830

员工薪酬表

	A	B	C	D
1	姓名	性别	年龄	工龄
2	张三	男	22	4
3	李四	女	23	1
4	王五	男	20	2
5	赵六	女	21	3

人员信息表

图 3-14　员工薪酬表及人员信息表

任务内容

（一）RPA 设计步骤（见表 3-3）

表 3-3　RPA 设计步骤

序号	步骤	活动	注意事项
1	打开工作表	【Excel 应用程序范围】	
2	删除性别列	【插入 / 删除列】	
3	插入空白列	【插入 / 删除列】	
4	读取工龄列，输出变量	【读取范围】	输出位置创建变量，添加标头不用勾选
5	写入工龄列	【写入范围】	起始单元格位置

（二）操作步骤

步骤一，在设计面板添加【Excel 应用程序范围】，在"工作簿路径"中以英文状态双引号下输入"员工薪酬表.xlsx"文件在计算机中的完整路径或者通过单击"文件夹"图标，去选择"员工薪酬表.xlsx"。

步骤二，在活动面板中搜索【插入 / 删除列】添加至【Excel 应用程序范围】的"执行"中，在其属性面板设置参数内容（见图 3-15），设置"位置"为"2"；"无列"为"1"；"更改模式"为"Remove"。此属性设置，可实现从"Sheet1"工作表中第 2 列开始删除 1 列的功能。

步骤三，在活动面板中搜索【插入 / 删除列】添加至【插入 / 删除列】下方，在其属性面板设置参数内容（见图 3-16），设置"位置"为"2"；"无列"为"1"；"更改模式"为"Add"。此属性设置，可实现从"Sheet1"工作表中第 2 列开始插入 1 列的功能。

步骤四，在活动面板中搜索【读取范围】添加至【插入 / 删除列】下方，在其

增加或删除
表格数据

图 3-15 【插入 / 删除列】属性设置——删除　　图 3-16 【插入 / 删除列】属性设置——插入

属性面板设置参数内容（见图 3-17），设置"工作簿路径"为"人员信息表 .xlsx"文档在计算机中的完整路径；"范围"为 "D1:D5"，"数据表"处创建名为"工龄"的变量，"添加标头"为非勾选。此属性设置，可实现将人员信息表中"工龄"列现有数据读取并保存至创建的变量"工龄"中。

步骤五，在活动面板中搜索【写入范围】添加至【读取范围】下方，在其属性面板设置参数内容（见图 3-18），设置"起始单元格"为 "B1:B5" 或 "B1"；"数据表"处为变量"工龄"，"添加标头"为非勾选。此属性设置，可实现将变量"工龄"中的数据写入到员工薪酬表中指定的那一列中。

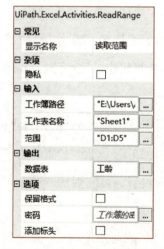

图 3-17 【读取范围】属性设置

图 3-18 【写入范围】属性设置

步骤六，单击"运行"，待程序运行完毕后，打开"员工薪酬表 .xlsx"文档，会看到表中"性别"列数据已经被删除，并在该位置增加了从"人员信息表"复制过来的"工龄"列数据（见图 3-19）。

	A	B	C	D	E
1	姓名	工龄	基本工资	职级工资	工资合计
2	张三	4	2000	1000	3000
3	李四	1	1800	970	2770
4	王五	2	1900	980	2880
5	赵六	3	1880	950	2830

图 3-19 员工薪酬表

整体流程设计见图 3-20。

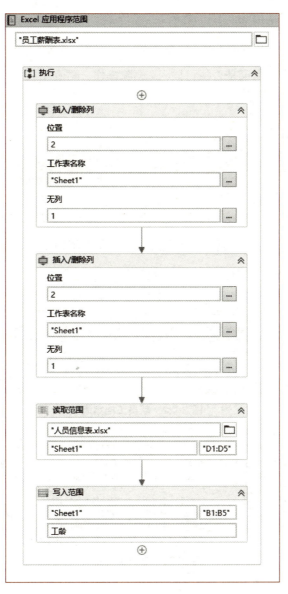

图 3-20 整体流程

（三）相关知识

【插入 / 删除列】：在指定位置插入或删除指定数量的列。其属性见图 3-21。

（1）位置：默认值为"1"，执行插入 / 删除操作的位置，该字段仅支持整数或 Int32 类型变量。

（2）无列：默认值为"1"，要插入 / 删除的列数，该字段仅支持整数或 Int32 类型变量。

图 3-21　【插入 / 删除列】属性

（3）更改模式：指定是否执行插入 / 删除操作，可在下拉菜单中进行选择。

四、整理员工档案数据

任务情境

公司近期由于业务拓展的需求，新招聘了一批员工，新员工的档案资料登记与老员工档案表相比并不规范，人力资源部特意发来了新员工档案表（见图 3-22），需要将所有资料都汇总并统一格式。老员工档案表见图 3-23。

序号	姓名		性别	部门	职务
1	张无忌	130825199508019219	男	生产部	职员
2	燕南天	340822199608029451	男	生产部	职员
3	花满楼	440781199802154224	女	财务部	职员
4	张三丰	330204199311023453	男	财务部	职员
5	令狐冲	43028119940418559X	男	销售部	职员
6	风清扬	460030199711092079	男	研发部	职员

图 3-22　新员工档案表

	A	B	C	D	E	F	G	H
1	序号	姓名	性别	部门	职务	身份证号	年龄	生日
2	1	张三	男	行政管理	经理	152322198805216319	33	5月21
3	2	李四	男	生产部	主管	360601199112112679	30	12月11
4	3	刘红	女	财务部	会计	432500199810081562	23	10月08
5	4	王五	男	财务部	财务经理	211000198207278852	29	7月27
6	5	赵六	男	销售部	职员	421002199503164531	26	3月16
7	6	丁大力	男	研发部	主任	653227197910071196	42	10月07

图 3-23　老员工档案表

任务内容

（一）RPA 设计步骤（见表 3-4）

表 3-4　RPA 设计步骤

序号	步骤	活动	注意事项
1	读取目标表格	【读取范围】	输出变量
2	写入表格数据	【写入范围】	输入变量
3	重复操作	【对于数据表中的每一行】	Row、CurrentRow 表示遍历循环的当前行
4	获取姓名、身份证号、年、月、日等字段，计算年龄，确定写入列、行	【多重分配】	Substring（startIndex，length）；CInt（变量）；
5	写入提取信息	【写入单元格】	单元格的位置
6	打开目标文件	【Excel 应用程序范围】	
7	重复目标信息	【复制 / 粘贴范围】	复制 / 粘贴的范围

（二）操作步骤

步骤一，在设计面板添加工作簿条目下的【读取范围】，在其属性面板设置参数内容（见图 3-24），设置"工作簿路径"为"新员工档案表 .xlsx"文件的完整路径；"工作表名称"处为"新员工"，"范围"处为空，"数据表"处创建变量"Data"，设置变量的作用范围为最大。

步骤二，在活动面板中搜索工作簿条目下的【写入范围】添加至【读取范围】下方，设置"工作簿路径"为"老员工档案表"，"工作表名称"为"新员工"，"起始单

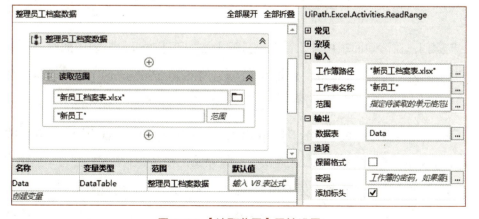

图 3-24　【读取范围】属性设置

整理员工档案数据

元格"为"A1","数据表"处输入变量"data","添加标头"处为勾选（见图 3-25）。

步骤三，在活动面板中搜索【对于数据表中的每一行】添加至【读取范围】下方，设置"输入"处为变量"Data"（见图 3-26）。

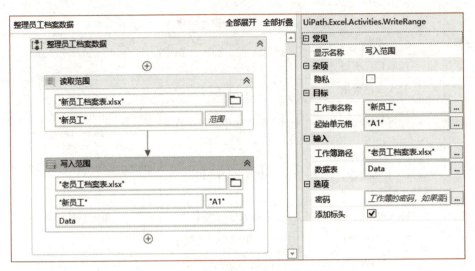

图 3-25　【读取范围】属性设置

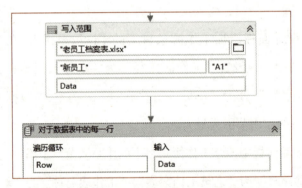

图 3-26　【对于数据表中的每一行】属性设置

步骤四，在活动面板中搜索【多重分配】添加至【对于数据表中的每一行】下方，从"姓名"列中依次提取"姓名"：Row(1). ToString.Substring(0,3)、"身份证号"：Row(1). ToString.Substring(4,18)、"年"：Row(1). ToString.Substring(10,4)、"月"：Row(1). ToString.Substring(14,2)、"日"：Row(1). ToString.Substring(16,2)；将 Datetime. Now.Year-CInt（年）赋值给变量"年龄"；定义新员工在老员工表格的序号，创建"n"和"序号"两个变量，其数据类型均为 Int32，设置所有变量的范围均为最大，新员工序号从 7 开始递增；定义数据写入单元格的起始位置，从第二行开始写，具体设置见图 3-27。

步骤五，在活动面板中搜索并添加 5 个工作簿条目下的【写入单元格】【多重分配】下方，设置"工作簿路径"均为"老员工档案表.xlsx"，在对应"单元格"中（例如，"序号"对应单元格为'"A"& 单元格.ToString'）依次写入文本"序号""姓名""身份证号""年龄""生日"的数据，具体设置见图 3-28。

步骤六，在活动面板中搜索【Excel 应用程序范围】和【复制/粘贴范围】添加至【对于数据表中的每一行】下方，打开目标文件并复制指定工作表的源数据至目标工作表的指定范围，具体设置见图 3-29。

图 3-27 【多重分配】属性设置

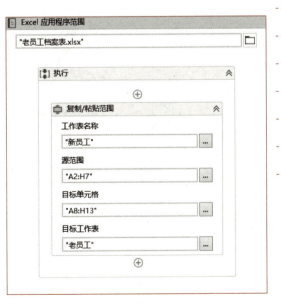

图 3-28 【写入单元格】属性设置　　　　图 3-29 【复制/粘贴范围】属性设置

步骤七，运行文件，待运行结束后查看运行结果（见图 3-30）。

	A	B	C	D	E	F	G	H	I
1	序号	姓名	性别	部门	职务	身份证号	年龄	生日	
2	1	张三	男	行政管理部	经理	152322198805216319	33	05月21日	
3	2	李四	男	生产部	主管	360601199112112679	30	12月11日	
4	3	刘红	女	财务部	会计	432500199810081562	23	10月08日	
5	4	王五	男	财务部	财务经理	211000198207278852	39	07月27日	
6	5	赵六	男	销售部	职员	421002199503164531	26	03月16日	
7	6	丁大力	男	研发部	主任	653227197910071196	42	10月07日	
8	7	张无忌	男	生产部	职员	130825199508019219	26	08月01日	
9	8	燕南天	男	生产部	职员	340822199608029451	25	08月02日	
10	9	花满楼	女	财务部	职员	440781199802154224	23	02月15日	
11	10	张三丰	男	财务部	职员	330204199311023453	28	11月02日	
12	11	令狐冲	男	销售部	职员	430281199404185559x	27	04月18日	
13	12	风清扬	男	研发部	职员	460030199711092079	24	11月09日	
14									

图 3-30　运行结果

整体流程设计见图 3-31。

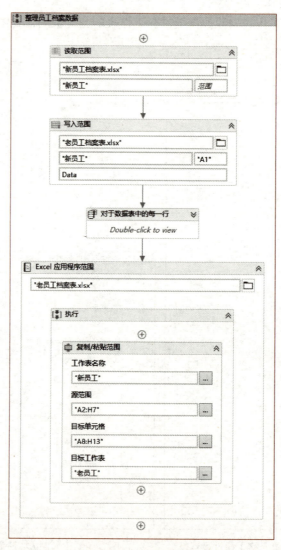

图 3-31　整体流程

（三）相关知识

1.【多重分配】

在一个活动中分配多个变量、参数，其等同于多个【分配】组合使用的效果。在数据运算时需要在【多重分配】中写入多个公式以赋值至不同的变量（见图 3-32）。

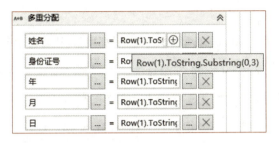

图 3-32 【多重分配】属性

温馨提示

表达式 Row(1). ToString.Substring(0,3) 是对当前行第二列单元格的数据进行前三个字符的截取并将结果存储在变量"姓名"中。在 Substring(startIndex,length) 方法的使用中，startIndex 指的是截取起始位置的索引值，在 UiPath 中索引是从 0 开始的，length 指的是从左向右要提取字符的位数，这里的位数是不小于 0 的 Int32 类型的整数。

2. 数据运算与方法

（1）文本的运算在程序的设计和开发过程中发挥着重要作用，在文本运算的过程中，文本与文本之间的合并可以通过使用运算符"+"或"&"来实现，见图 3-33。但需要注意的是，在使用运算符"&"合并文本类型的变量时，与前面变量之间要留有空格，否则将会提示程序错误。

图 3-33 文本运算

温馨提示

n 的起始值为 0，每循环一次则都会在原数值基础上加 1，从而实现了数值 1，2，3... 的递增。

（2）通常 Int32 和 Double 这两种数据类型都可以用来表示数字，Int32 表示的是整数，而 Double 则表示的是 64 位浮点值，即双精度浮点类型既可以用来表示小数，也可以表示更加精确的数字。数字的运算次序是有优先级的，先运算括号，再运算乘除，最后运算加减。例如把算式"$(1+10)/5+3$"赋给变量"DT"，然后通过【日志消息】来打印出运行的结果（见图 3-34），这样就可以验证出运算的优先级。需要注意的是，在使用除法运算的结果为变量赋值时，它的数据类型只能是 Double，因为除法的结果并不能保证都是整数。

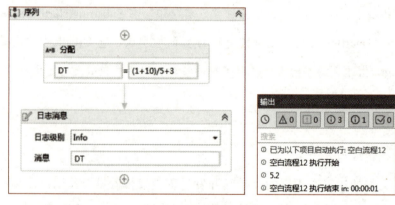

图 3-34　Double 运算

在 UiPath 中，mod 是数字取余运算的运算符。例如将算式"100 mod 30"赋值给变量"DT"，然后通过【日志消息】来打印运行的结果（见图 3-35）。需要注意在使用时 mod 的前后要留有空格，否则就会出现报错提示。在大部分编程语言中，可以使用运算符 % 作为取余运算符，但在 Uipath 中直接使用运算符 % 作为取余运算会出现报错提示。

Abs( )：作用是将目标以绝对值的结果进行返回；

Max( )：作用是对比两个目标值，并返回最大的一个值；

Min( )：作用是对比两个目标值，并返回最小的一个值；

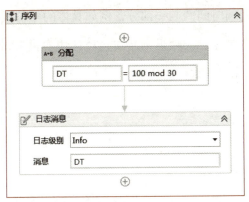
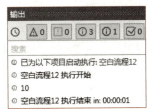

图 3-35　取余运算

Round( )：作用是将目标值四舍五入到对应的小数位数。

（3）DateTime 常用来返回当前的时间，在变量类型下拉列表中默认没有此变量类型，需要单击浏览类型（Browse for Types），在弹出的对话框中"类型名称"搜索框中写入"System.DateTime"，即可搜索到 DateTime 的数据类型，见图 3-36。

图 3-36　DateTime 类型

使用 DateTime.Now 可以返回当前具体的时间包含年、月、日、时、分、秒，例如新建一个 DateTime 数据类型的变量"time"，使用【分配】将"DateTime.Now"赋值给变量"time"，然后通过【日志消息】来打印运行的结果（见图 3-37），就能得到运行时具体的时间。

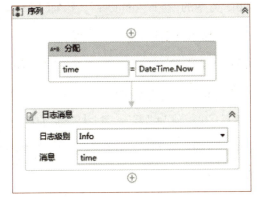

图 3-37　DateTime.Now 运算

65

在实际工作中，有时仅需要返回时间的某一部分，例如具体的年份或月份等，会有一系列相应的方法可供使用。如果只想要返回年份，就使用变量"time.Year"，结合上一运算，通过【日志消息】来打印运行的结果（见图 3-38）。

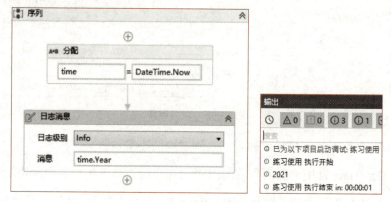

图 3-38　DateTime.Now 运算

同理使用 "time.Month" "time.Day" "time.Hour" "time.Minute" "time.Second" 可以分别返回月、日、时、分、秒。

温馨提示

这一系列的方法所返回值的数据类型均为 Int32，而不是 DateTime 类型的数据。

（4）将 String 类型的数字转换为 Double 类型，可以使用 System.Double.Parse（Value）的方法，其中 Value 为 String 类型。可以看出，要想成功转换的前提条件是待转换的字符必须为数字，如果将 Value 的值改成了 "abc"，则会出现运行错误。我们新建一个 String 类型的变量 "ST" 并赋值为 "7.13"，通过【分配】将公式 "Double.Parse（ST）" 赋值给 Double 类型的变量 "number"，添加【日志消息】来打印运行的结果，单击运行，输出面板显示为 7.13，见图 3-39。

（5）将 String 类型的数字转换为 Int32 类型，可以使用 System.Int32.Parse（Value）方法，其中 Value 为 String 类型。可以看出，待转换的数字字符中不能带小数点。我们新建一个 String 类型的变量 "ST" 并赋值为 "7"，通过【分配】将公式 "Int32.Parse（ST）" 赋值给 Int32 类型的变量 "number"，添加【日志消息】来打印运行的结果，单击运行，输出面板显示为 7，见图 3-40。

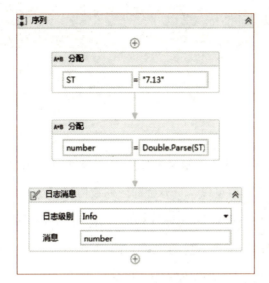

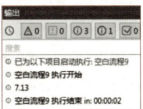

图 3-39 String 类型转换为 Double 类型的过程及结果

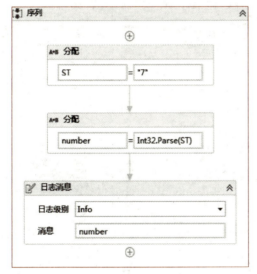

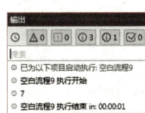

图 3-40 String 类型转换为 Int32 类型的过程及结果

（6）Double 类型和 Int32 类型之间的相互转换相对来说更容易一些，从它们表示的数字范围上来说，Double 类型包含了 Int32 类型可表示的全部数字，所以 Int32 类型转换成 Double 类型其实只需要将 Int32 类型的变量赋值给 Double 类型的变量即可。但是要用此方法把 Double 类型转换成 Int32 类型则是行不通的，如果进行强制转换，就需对数据进行一定的调整，可以用 Round 方法进行四舍五入，因为 Double 类型的数字都带有小数部分，要想转换成 Int32 类型，就要忽略小数部分的数字，但这样获得的数据并不准确。（虽然转换后的结果看上去的是一个整数，但

67

是其数据类型仍然是 Double 类型，而非 Int32 类型）

五、筛选分录账簿收入

任务情境

销售会计小王准备从"2021 年 2 月会计分录序时簿"（见图 3-41）中筛选出 2 月份各类产品的收入，将筛选出来的信息以"贷方金额"列数值的大小按由低至高的顺序进行升序排列，并删除其中"币别""汇率"列的内容，将整理后的数据写入到"2021 年 2 月会计分录序时簿"文档新建的"Sheet1"工作表中，且在输出面板输出：确认"科目名称"金额"贷方金额"元。

	A	B	C	D	E	F	G	H	I	J	K	L	M	N	O
1	日期	凭证字号	摘要	科目代码	科目名称	往来单位	部门	职员	业务编号	币别	汇率	原币金额	借方金额	贷方金额	制单人
2	2021/2/20	付-1	发三大	660201	管理费用 – 办公费					RMB	1	100	100	0	董为民
3			报销	100101	库存现金 – 人民币现金					RMB	1	100	0	100	董为民
4	2021/2/17	转-1	发货	600101	主营业务收入 – 电子保健器销售收入					RMB	1	10000	0	10000	董为民
5			发货	1122	应收账款	北京王府井电器商场		李妮	217	RMB	1	11300	11300	0	董为民
6			发货	22210102	应交税费 – 应交增值税 – 销项税额					RMB	1	1300	0	1300	董为民
7	2021/2/1	转-2	出售固定资产	1602	累计折旧					RMB	1	2575278.56	2575278.56	0	董为民
8			出售固定资产	1601	固定资产					RMB	1	3000000	0	3000000	董为民
9			出售固定资产	1606	固定资产清理					RMB	1	424721.44	424721.44	0	董为民
10	2021/2/5	转-3	结转出售固定	6301	营业外收入					RMB	1	25278.56	0	25278.56	董为民
11			结转出售固定	1606	固定资产清理					RMB	1	25278.56	25278.56	0	董为民
12	2021/2/5	转-4	收到1月订购	14030202	原材料 – 外购配件 – 外购件B					RMB	1	50000	50000	0	董为民
13			收到1月订购	1123	预付账款	北京王府井电器商场				RMB	1	50000	0	50000	董为民
14	2021/2/5	转-5	收到1月订购	14030202	原材料 – 外购配件 – 外购件B					RMB	1	50000	50000	0	董为民
15			收到1月订购	1123	预付账款	北京王府井电器商场				RMB	1	50000	0	50000	董为民
16	2021/2/17	转-6	销售收入	1122	应收账款	天津家电总公司		张琳琳	205	RMB	1	56500	56500	0	董为民
17			销售收入	600102	主营业务收入 – 家用机器人销售收入					RMB	1	50000	0	50000	董为民
18			销售收入	22210102	应交税费 – 应交增值税 – 销项税额					RMB	1	6500	0	6500	董为民
19	2021/2/20	转-7	销售收入	1122	应收账款	重庆百货总公司		董泽轩	220	RMB	1	101700	101700	0	董为民
20			销售收入	600101	主营业务收入 – 电子保健器销售收入					RMB	1	90000	0	90000	董为民
21			销售收入	22210102	应交税费 – 应交增值税 – 销项税额					RMB	1	11700	0	11700	董为民
22	1901/8/22	转-8	销售收入	1122	应收账款	广州天河城		周宇环	213	RMB	1	67800	67800	0	董为民
23			销售收入	600103	主营业务收入 – 人造自然销售收入					RMB	1	60000	0	60000	董为民
24			销售收入	22210102	应交税费 – 应交增值税 – 销项税额					RMB	1	7800	0	7800	董为民
25	2021/2/8	现付-1	报销办公用品	660201	管理费用 – 办公费					RMB	1	200	200	0	董为民
26			报销办公用品	100101	库存现金 – 人民币现金					RMB	1	200	0	200	董为民
27	2021/2/8	现收-1	收固定资产出	100201	银行存款 – 工行高新办18640					RMB	1	450000	450000	0	董为民
28			收固定资产出	1606	固定资产清理					RMB	1	450000	0	450000	董为民
29	2021/2/8	银支-1	付借款利息	6603	财务费用					RMB	1	50000	50000	0	董为民
30			付借款利息	100201	银行存款 – 工行高新办18640					RMB	1	50000	0	50000	董为民
31	2021/2/8	银支-2	提现	100101	库存现金 – 人民币现金					RMB	1	20000	20000	0	董为民
32			提现	100201	银行存款 – 工行高新办18640					RMB	1	20000	0	20000	董为民
33															

图 3-41 2021 年 2 月会计分录序时簿

任务内容

（一）RPA 设计步骤（见表 3-5）

表 3-5 RPA 设计步骤

序号	步骤	活动
1	打开工作表	【Excel 应用程序范围】
2	读取指定范围	【读取范围】

续表

序号	步骤	活动
3	筛选出科目名称中包含主营业务收入的行	【筛选数据表】
4	"贷方金额"列数值由低至高升序排列	【排序数据表】
5	删除币别列	【删除数据列】
6	删除汇率列	【删除数据列】
7	筛选结果写入表格	【写入范围】
8	遍历数据表的每一行	【对于数据表中的每一行】

(二) 操作步骤

步骤一，在设计面板添加【Excel 应用程序范围】，在"工作簿路径"中以英文状态双引号下输入"2021 年 2 月会计分录序时簿.xlsx"文档在计算机中的完整路径（见图 3-42）。

图 3-42　【Excel 应用程序范围】属性设置

步骤二，在活动面板中搜索【读取范围】添加至【Excel 应用程序范围】的"执行"中，在其属性面板设置参数内容（见图 3-43），设置"工作表名称"处为"1 会计分录序时簿"；"范围"处为空；"数据表"处创建变量"DT"；"添加标头"处为勾选。

步骤三，在活动面板中搜索【筛选数据表】添加至【读取范围】下方，在其属性面板设置参数内容（见图 3-44），设置"输入 – 数据表"处为"DT"；"输出 – 数据表"处为"DT1"。

图 3-43　【读取范围】属性设置

单击"配置筛选器"，在弹出的"筛选器向导"对话框的"保留或删除匹配行"处设置为"保留"；"列"处为"科目名称"；"操作"处为"Contains"；"值"处为"主营业务收入"，单击"确定"（见图 3-45）。

筛选分录账簿收入

UiPath.Core.Activities.FilterDataTable

□ 常见	
显示名称	筛选数据表
□ 杂项	
隐私	☐
□ 输入	
数据表	DT
□ 输出	
数据表	DT1
□ 选项	
筛选器行模式	*指定是通过t*
选择列模式	SelectMode

图 3-44 【筛选数据表】属性设置

筛选器向导

输入数据表 DT　　　　　　　　　输出数据表 DT1

筛选行　输出列

保留或删除匹配行

◉ 保留　○ 删除

列	操作	值		
"科目名称"	Contains	"主营业务收入"	×	+

确定　取消

图 3-45　设置"筛选器向导"对话框

步骤四，在活动面板中搜索【排序数据表】添加至【筛选数据表】下方，在其属性面板设置参数内容（见图 3-46），设置"名称"处为"贷方金额"；"顺序"处为"Ascending"；"输入－数据表"处为变量"DT1"；"输出－数据表"处为变量"DT2"。

步骤五，在活动面板中搜索【删除数据列】添加至【排序数据表】下方，在其属性面板设置参数内容（见图 3-47），设置"列名称"处

UiPath.Core.Activities.SortDataTable

□ 常见	
显示名称	排序数据表
□ 排序列	
列	*要排序的数据列*
名称	"贷方金额"
索引	*要排序的列的索*
顺序	Ascending
□ 杂项	
隐私	☐
□ 输入	
数据表	DT1
□ 输出	
数据表	DT2

图 3-46 【排序数据表】属性设置

为 "币别"，"数据表" 处为变量 "DT2"。

步骤六，在活动面板中搜索【删除数据列】添加至【删除数据列】下方，在其属性面板设置参数内容（见图 3-48），设置 "列名称" 处为 "汇率"，"数据表" 处为变量 "DT2"。

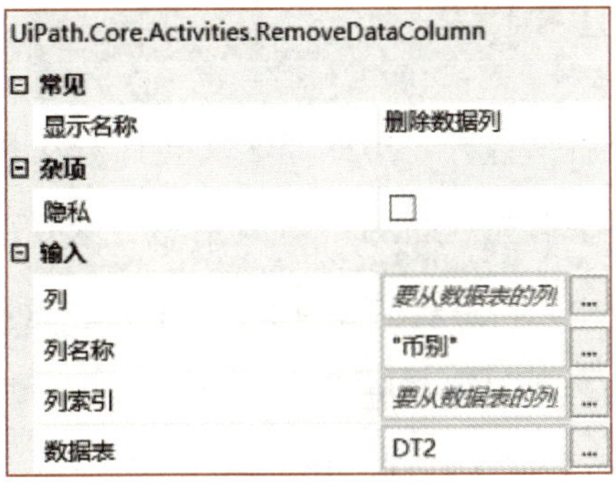

图 3-47　【删除数据列】属性设置币别 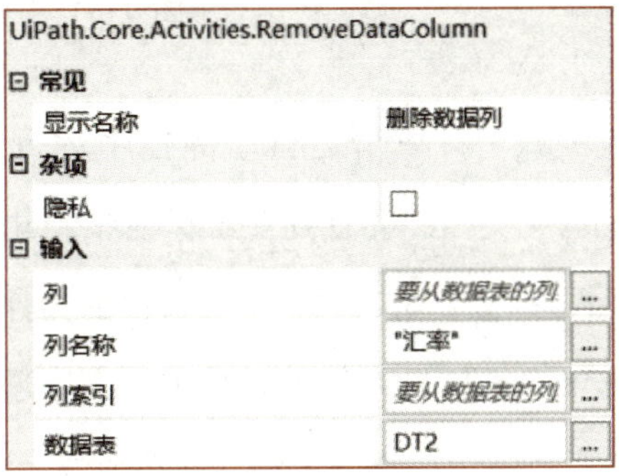　　图 3-48　【删除数据列】属性设置汇率

步骤七，在活动面板中搜索【写入范围】添加至【删除数据列】下方，在其属性面板设置参数内容（见图 3-49），设置 "工作表名称" 处为 "Sheet1"；"起始单元格" 处为 "A1"；"数据表" 处为变量 "DT2"；"添加标头" 处为勾选。

步骤八，在活动面板中搜索【对于数据表中的每一行】添加至【写入范围】下方，在其属性面板设置参数内容（见图 3-50），设置 "数据表" 处为变量 "DT2"。

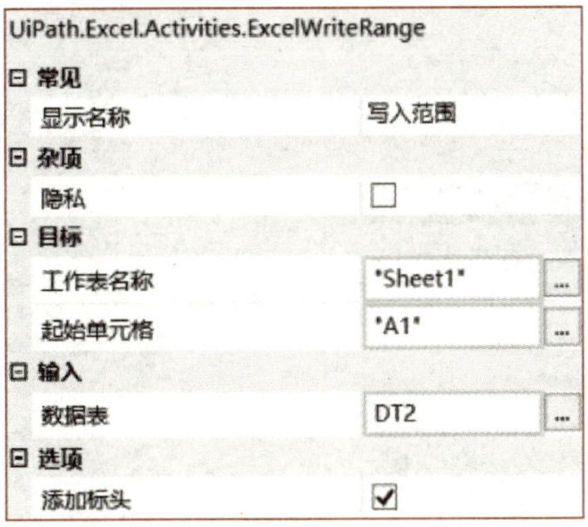

图 3-49　【写入范围】属性属性 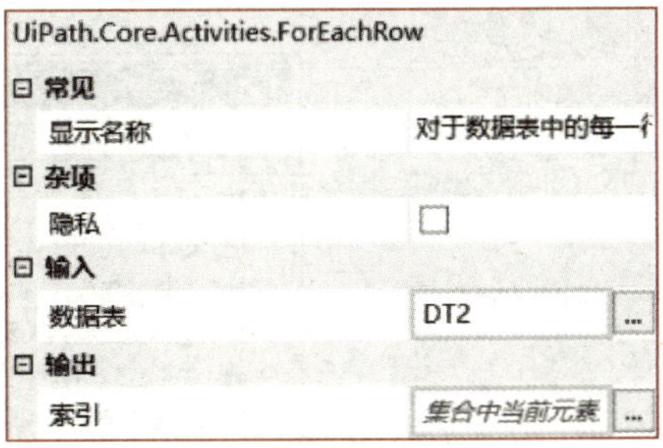　　图 3-50　【对于数据表中的每一行】属性设置

步骤九，在活动面板中搜索【写入行】添加至【对于数据表中的每一行】的 "正文" 中，在其属性面板设置参数内容（见图 3-51），设置 "文本" 处为表达式 "确认" + CurrentRow(5). ToString +"金额"+ CurrentRow(11). ToString +"元"。

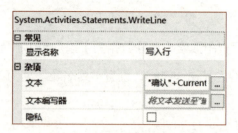

图 3-51　【写入行】属性设置

步骤十，单击运行，待程序运行完毕后，打开"2021 年 2 月会计分录序时簿.xlsx"文档，会看到在工作簿中新建了一个名为"Sheet1"的工作表，表中的内容见图 3-52，可以看到在 2 月份的会计分录中"科目名称"列中包含有"主营业务收入"的行信息已经被筛选出来，且数据内容中已经删除了"币别""汇率"两列的信息，并以"贷方金额"列数值的大小按由低至高的顺序进行升序排列。

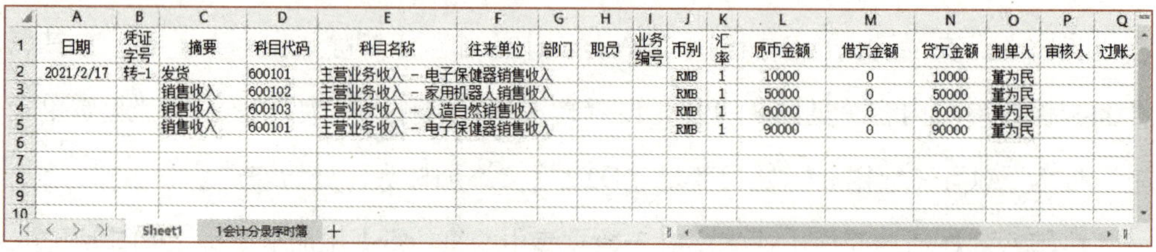

	A	B	C	D	E	F	G	H	I	J	K	L	M	N	O	P	Q
1	日期	凭证字号	摘要	科目代码	科目名称	往来单位	部门	职员	业务编号	币别	汇率	原币金额	借方金额	贷方金额	制单人	审核人	过账
2	2021/2/17	转-1	发货	600101	主营业务收入 - 电子保健器销售收入					RMB	1	10000	0	10000	董为民		
3			销售收入	600102	主营业务收入 - 家用机器人销售收入					RMB	1	50000	0	50000	董为民		
4			销售收入	600103	主营业务收入 - 人造自然销售收入					RMB	1	60000	0	60000	董为民		
5			销售收入	600101	主营业务收入 - 电子保健器销售收入					RMB	1	90000	0	90000	董为民		
6																	
7																	
8																	
9																	
10																	

Sheet1　1会计分录序时簿　＋

图 3-52　运行结果

单击输出面板，显示内容见图 3-53。

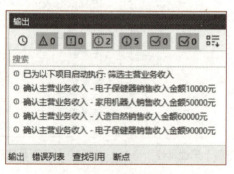

图 3-53　运行结果输出

整体流程设计见图 3-54。

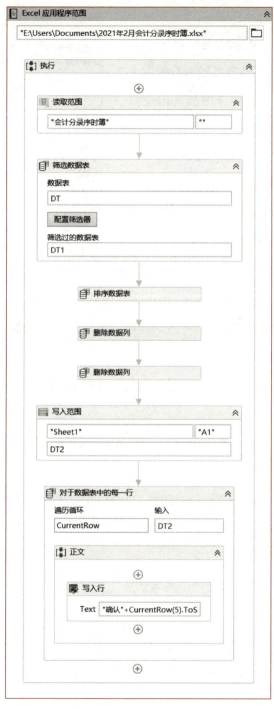

图 3-54 整体流程

（三）相关知识

1.【数据表排序】

根据指定列的值，按升序或降序对整个 "DataTable" 进行排序。其属性见

图 3-55。

图 3-55　【排序数据表】属性

（1）显示名称：指该活动的显示名称，可以进行修改，但并不改变活动本身的用途。

（2）列：此为包含要排序的列的变量。该字段仅支持"DataColumn"变量。在该属性字段中设置变量将禁用其他两个属性。

（3）名称：要搜索的列的名称。该字段仅支持字符串和"String"变量。在该属性字段中设置变量将禁用其他两个属性。

（4）索引：要搜索的列的索引。该字段仅支持"Int32"变量。在该属性字段中设置变量将禁用其他两个属性。

（5）顺序：指表格的排序顺序。"升序"表示第一个值是最低值，而"降序"表示第一个值是最高值。

（6）隐私：将其选中后则不记录产生的变量和参数值。默认是非选中状态，一般不需要设置。

（7）输入 – 数据表：要排序的"DataTable"变量。该字段仅支持"DataTable"变量。

（8）输出 – 数据表：排序后输出的"DataTable"变量。若使用与"输入"字段中的现有变量相同的变量，则系统会根据此次更改覆盖该变量。

2.【删除数据列】

从指定数据表中删除数据列。其属性见图 3-56。

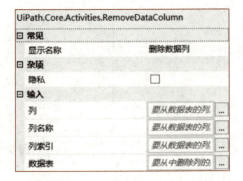

图 3-56　【删除数据列】属性

（1）显示名称：指该活动的显示名称，可以进行修改，但并不改变活动本身的用途。

（2）隐私：将其选中后则不记录产生的变量和参数值。默认是非选中状态，一般不需要设置。

（3）列：要从数据表的列集合中删除的数据列对象。如果设置了此属性，则系统会忽略"列名称"和"列索引"属性。

（4）列名称：要从数据表的列集合中删除的列的名称。如果设置了此属性，则系统会忽略"列索引"属性。

（5）列索引：要从数据表的列集合中删除的列的索引。

（6）数据表：此为需从中删除列的"数据表"对象。

3.【对于数据表中的每一行】

该活动用于对指定的"DataTable"类型的变量中的每一行执行一次操作，其属性见图 3-57。

（1）隐私：将其选中后则不记录产生的变量和参数值。默认是非选中状态，一般不需要设置。

（2）数据表：此为要对其每一行执行一次操作的"DataTable"类型的变量。

（3）索引：集合中当前元素从 0 开始的索引。

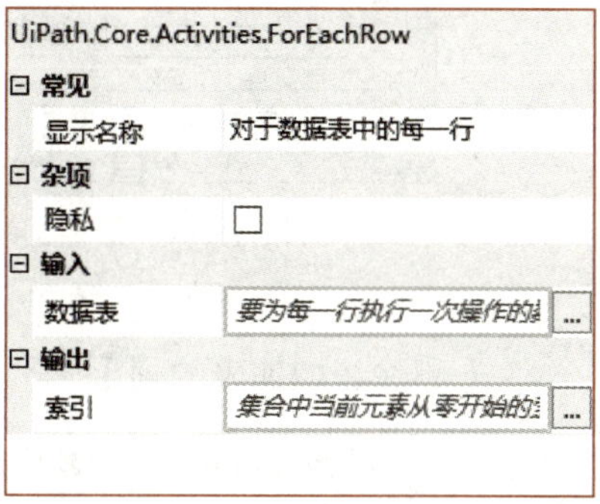

图 3-57　【对于数据表中的每一行】属性

任务练习

1.【删除重复的行信息】

人事部小李送来一张人员信息表（见图 3-58），公司需要根据员工的年龄发放津贴，财务部小华发现这张报表中有的人名是重复，要求通过财务机器人自动删除重复的信息。

	A	B	C	D	E
1	姓名	性别	年龄	工龄	
2	张三	男	25	2	
3	李四	女	26	3	
4	王五	男	27	4	
5	赵六	女	28	5	
6	王五	男	25	2	
7	张三	男	25	2	
8	李四	女	26	3	
9	王五	男	27	4	
10					

图 3-58　人员信息表

2.【多表格数据的汇总】

学期期末，张老师需要将学生语文、数学成绩统计到成绩汇总表（见图 3-59），各科成绩表格中学生姓名的顺序都是固定不变的，要求通过财务机器人实现成绩表格的汇总。

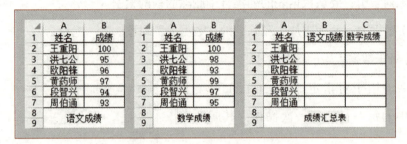

图 3-59　成绩汇总表

3.【删除、增加表的列】

财务部小华觉得员工薪酬及信息表（见图 3-60）上的"性别"列是没有必要的，想删除"性别"列的内容，然后将人员信息表的"工龄"列及"本月应到天数"列、"本月实到天数"列增加到"姓名"列的右侧，要求通过财务机器人来实现。

	A	B	C	D	E
1	姓名	性别	基本工资	职级工资	工资合计
2	张三	男	2000	1000	3000
3	李四	女	1800	970	2770
4	王五	男	1900	980	2880
5	赵六	女	1880	950	2830
6			员工薪酬表		
7					

	A	B	C	D	E	F
1	姓名	性别	年龄	工龄	本月应到天数	本月实到天数
2	张三	男	25	2	22	22
3	李四	女	26	3	22	21
4	王五	男	27	4	22	20
5	赵六	女	28	5	22	22
6				人员信息表		
7						

图 3-60　员工薪酬及信息表

4.【截取字符串的数据】

小张想把员工信息表中的姓名和电话的信息分开（见图 3-61），并根据身份证号显示员工的出生年份和生日，要求通过财务机器人自动实现。

	A	B	C	D	E
1	序号	姓名电话	身份证号	部门	岗位
2	1	令狐冲 18301373156	43028119940418559×	销售部	职员
3	2	任我行 18301373157	211324199006010035	销售部	经理
4	3	任盈盈 18301373154	211324199007010035	采购部	经理
5	4	林平之 18301373153	211324199008010035	生产部	经理
6	5	岳不群 18301373151	211324199009010035	行政部	经理
7					
8					

图 3-61　员工信息表

任务四

RPA 在财务中的应用——Email 篇

如今在这个机器人流程自动化广泛应用的时代，RPA 将 Email 的读取、下载及发送进行自动化处理的特性可以在这种任务场景中大放异彩，可以帮助我们准确、及时、高效地处理 Email 的相关任务。下面通过对 UiPath 中有关 Email 的活动进行讲解，介绍 RPA 是通过怎样的设计来实现 Email 应用的自动化。

在使用邮箱的 POP3、IMAP 和 SMTP 功能前，需要对邮箱进行设置。下面以 QQ 邮箱为例说明设置方法。其他邮箱的设置可以参照该方法。

登录 QQ 邮箱，单击设置，单击账户。向下拖动界面至 POP3/IMAP/SMTP/Exchange/CardDAV/CalDAV 服务位置。选择 POP3 服务，单击"开启"。弹出提示窗口，通过绑定的密保手机编辑短信："配置邮件客户端"，发送至 1069070069。发送完毕后，单击右下角"我已发送"。会弹出一个 16 位的授权码窗口。请记住该授权码，后续在使用 UiPath 设计邮件的收发时，需要使用此授权码代替邮箱登录密码。QQ 邮箱其他服务协议的开启方法可以参照 POP3/SMTP 服务协议的开启过程。

一、查看邮件主题信息

任务情境

财务部小华每天的工作特别忙，收到的邮件也特别多，她想在一个面板上直接查看最近收到的 5 封邮件主题，那么该如何通过财务机器人实现呢？

任务内容

（一）RPA 设计步骤（见表 4-1）

表 4-1　RPA 设计步骤

序号	步骤	活动	注意事项
1	获取最近收到的 5 封邮件的主题，输出变量	【获取 IMAP 邮件消息】	设置参数

续表

序号	步骤	活动	注意事项
2	循环变量	【遍历循环】	设置变量类型
3	输入邮件主题	【写入行】	文本框的位置

（二）操作步骤

查看邮件主题信息

步骤一，在设计面板中添加【获取 IMAP 邮件消息】，在其属性面板设置参数内容（见图 4-1），设置"服务器"处为 "imap.qq.com"；"端口"处为 993；"密码"处为 IMAP 服务的授权码；"电子邮件"处为收件邮箱地址；"消息"处创建名为"获取邮件"的变量（变量类型为 List<MailMessage>）；"仅限未读消息"处为勾选；"顶部"处为"5"（若想查看更多的邮件，可以设置更大的值）。

步骤二，在活动面板中搜索【遍历循环】添加至【获取 IMAP 邮件消息】下方，在其属性面板设置参数内容（见图 4-2），设置"TypeArgument"处为"System.Net.Mail. MailMessage"，"值"处为"获取邮件"。

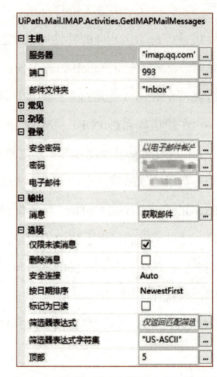

图 4-1 【获取 IMAP 邮件消息】属性设置

步骤三，在活动面板中搜索【写入行】添加至【遍历循环】的"正文"中在"Text"处输入表达式"item.Subject"（见图 4-3）。

图 4-2 【遍历循环】属性设置　　　　图 4-3 【写入行】属性设置

步骤四，单击运行，程序就会自动获取 QQ 邮箱中最近收到的 5 封邮件的主题并输出到输出面板，在输出面板可以查看运行的结果（见图 4-4）。

整体流程设计见图 4-5。

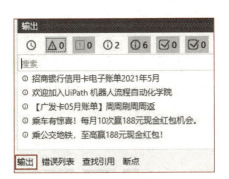

图 4-4　运行结果

图 4-5　整体流程

（三）相关知识

IMAP：是 Internet Message Access Protocol 的缩写，是一个应用层协议。它的主要作用是使邮件客户端可以通过这种协议从邮件服务器上获取邮件的信息，下载邮件等。它与 POP3 协议的主要区别是用户可以不用把所有的邮件全部下载，而是可以直接通过客户端对服务器上的邮件进行操作。【获取 IMAP 邮件消息】属性见图 4-6。

（1）服务器：待使用的电子邮件服务器主机。

（2）端口：用于接收电子邮件消息的端口。

（3）邮件文件夹：将从其中检索邮件消息的邮件文件夹，默认 "Inbox"。

（4）显示名称：指设计器面板中该活动的显示名称，可以进行修改，但并不改变活动本身的用途。

（5）超时：指定最长等待时间（以毫秒为单位），如果超出该时间网络流操作未运行，就会报错。默认值为 30 000 毫秒（30 秒）。

（6）隐私：将其选中后则不记录产生的变量和参数值。默认是非选中状态，一

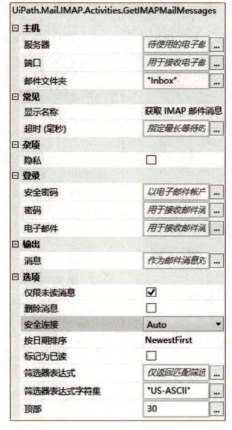

图 4-6 【获取 IMAP 邮件消息】属性介绍

般不需要设置。

（7）密码：用于接收邮件消息的电子邮件账户密码。当使用 QQ 邮箱时，需填写 QQ 邮箱的 IMAP 服务协议授权码。

（8）电子邮件：用于接收邮件消息的电子邮件账户。

（9）消息：作为邮件消息对象集合的已检索邮件消息，返回 MailMessage 列表。

（10）顶部：默认值为 30，待检索的消息数量（根据"按日期排序"参数，从最近或最旧消息开始计算）。

二、下载邮件附件信息

任务情境

某公司在北京地区有 5 家门店，这 5 家门店每天都会给财务部小华发送主题为

"××门店销售日报"的邮件。小华每天都要登录邮箱查收这些邮件，再将附件下载至桌面"销售统计"文件夹中。假设非当天的邮件都已读取，当天获取的邮件不超过 100 封，且不存在门店以外的邮件主题内容含有"销售日报"的字段。那么该如何通过财务机器人实现销售日报邮件附件的自动下载？

任务内容

（一）RPA 设计步骤（见表 4-2）

表 4-2　RPA 设计步骤

序号	步骤	活动	注意事项
1	获取最近收到的邮件，输出变量	【获取 IMAP 邮件信息】	设置属性
2	循环变量	【遍历循环】	设置变量类型
3	判断邮件主题	【IF 条件】	输入条件
4	输入附件内容	【保存附件】	设置属性

（二）操作步骤

步骤一，在设计面板中添加【获取 IMAP 邮件消息】，在其属性面板设置参数内容（见图 4-7），设置"服务器"处为 "imap.qq.com"；"端口"处为 993；"密码"处为 IMAP 服务的授权码；"电子邮件"处为收件邮箱地址；"消息"处创建名为"获取邮件"的变量（其数据类型为 List<MailMessage>）；"仅限未读信息"处为勾选；"顶部"处为"100"。

步骤二，在活动面板中搜索【遍历循环】添加至【获取 IMAP 邮件消息】下方，在其属性面板设置参数内容（见图 4-8），设置"TypeArgument"处为"System.Net.Mail.MailMessage"；"值"处为"获取邮件"。

步骤三，在活动面板中搜索【IF 条件】添加至【遍历循环】的"活动"正文中，设置条件为"item.Subject.Contains("销售日报")"。在【IF 条件】的"Then"框中添加【保存附件】，在其属性面板设置参数内容（见图 4-9），设置"文件夹路径"处为存放销售日报所在文件夹的完整路径，为 "E:\Users\Desktop\ 销售统计 "；"消息"处为"item"。

下载邮件附件信息

81

图 4-7 【获取 IMAP 邮件消息】属性设置

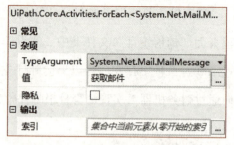

图 4-8 【遍历循环】属性设置

图 4-9 【保存附件】属性设置

步骤四，单击运行，程序就会自动获取最近 100 封的邮件，并筛选出主题中包含"销售统计"的邮件，并将邮件附件信息下载至指定的文件夹中（见图 4-10）。

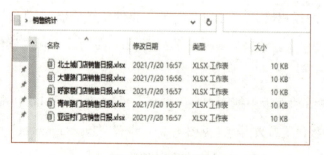

图 4-10 运行结果

整体流程设计见图 4-11。

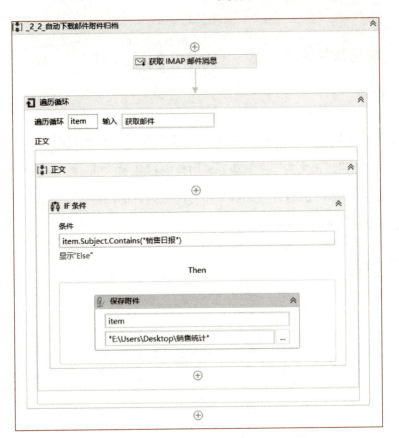

图 4-11　整体流程

（三）相关知识

【保存附件】：将邮件消息中的附件保存至指定文件夹。如果该文件夹不存在，则需要自行创建。如果未指定任何文件夹，则下载内容保存至项目文件夹中。指定文件夹中与附件同名的文件将被覆盖，其属性见图 4-12。

（1）文件夹路径：保存附件的文件夹的完整路径。

（2）消息：将保存其附件的邮件消息对象。

（3）附件：已检索的附件。

（4）筛选：表示根据待保存附件文件名进行验证的表达式。

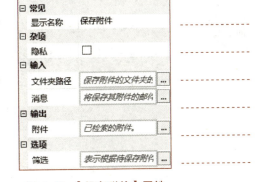

图 4-12　【保存附件】属性

三、发送邮件附件信息

任务情境

财务部小华需要通过财务机器人将邮件主题为“中华会计网校 ×× 年 ×× 月 ×× 日出纳日报”、正文为“主管您好，附件内容是 ×× 年 ×× 月 ×× 日出纳日报，请查收！”，以“出纳日报.xlsx”作为邮件附件的邮件，自动发给公司的财务主管。那么该如何通过财务机器人实现呢？

任务内容

（一）RPA 设计步骤（见表 4–3）

表 4–3 RPA 设计步骤

序号	步骤	活动	注意事项
1	构建日期	【分配】	获取时间的公式
2	选择目标文件	【选择文件】	创建变量
3	设置邮件内容、发送对象、附件	【发送 SMTP 邮件消息】	设置属性

（二）操作步骤

发件邮件附件信息

步骤一，在设计面板中添加【分配】，设置内容（见图 4–13）将表达式“DateTime.Now.year.tostring + "年" + DateTime.Now.month.tostring + "月" + DateTime.Now.day.tostring + "日"”赋值给变量“今日”，以获取现在时间的年、月、日，并构建目标结构的日期。

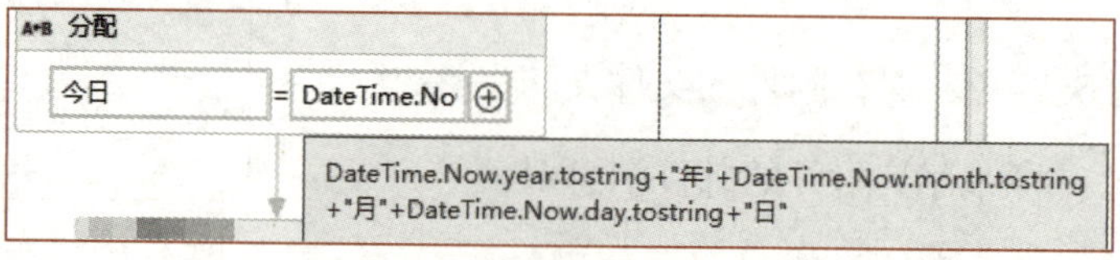

图 4–13 【分配】属性设置

步骤二，在活动面板中搜索【选择文件】添加至【分配】下方，在其属性面板设置参数内容（见图 4–14），设置“选择文件”处创建 String 类型的变量“出纳日报”，以获取目标文件的路径。

图 4-14　【选择文件】属性设置

步骤三，在活动面板中搜索【发送 SMTP 邮件消息】添加至【选择文件】下方，在其属性面板设置参数内容（见图 4-15），设置"服务器"处为 "smtp.qq.com"；"端口"处为"465"；"目标"处为收件邮箱地址；"主题"处为 "中华会计网校"+今日＋"出纳日报"；"正文"处为 "主管您好，附件内容是"＋今日＋"出纳日报，请查收！"；"密码"处为 SMTP 服务的授权码，"电子邮件"处为发件邮箱地址。

单击【发送 SMTP 邮件消息】活动的"附加文件"按钮（见图 4-16）。

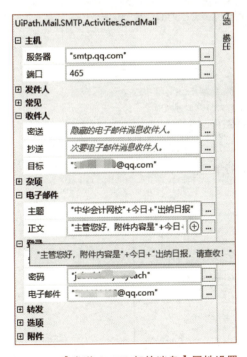

图 4-15　【发送 SMTP 邮件消息】属性设置

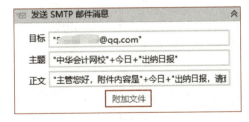

图 4-16　【发送 SMTP 邮件消息】属性设置

在弹出的"文件"提示框中，单击"创建参数"，在新参数"值"的位置处输入变量"出纳日报"（见图 4-17）。

步骤四，单击运行，程序就会自动发送带附件的邮件至指定的邮箱（见图 4-18）。

整体流程设计见图 4-19。

85

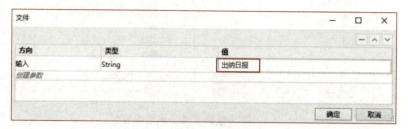

图 4-17 给变量赋值

图 4-18 运行结果

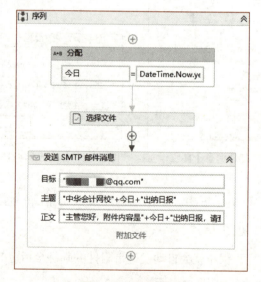

图 4-19 整体流程

（三）相关知识

SMTP：是 Simple Mail Transfer Protocol 的缩写。是一种提供可靠且有效的电子邮件传输的协议。SMTP 是建立在 FTP 文件传输服务上的一种邮件服务，主要用于系统之间的邮件信息传递，并提供有关来信的通知。SMTP 独立于特定的传输子系统，且只需要可靠有序的数据流信道支持，SMTP 的重要特性之一是其能跨越网络传输邮件，即"SMTP 邮件中继"。使用 SMTP，可实现相同网络处理进程之间的邮件传输，也可通过中继器或网关实现某处理进程与其他网络之间的邮件传输，其属性见图 4-20。

图 4-20 【发送 SMTP 邮件消息】属性

（1）服务器：待使用的电子邮件服务器主机。

（2）端口：用于接收电子邮件消息的端口。

（3）发件人：发件人的电子邮件地址。

（4）名称：发件人的显示名称。

（5）显示名称：为设计器面板中该活动的显示名称，可以进行修改，但并不改变活动本身的用途。

（6）超时：指定最长等待时间（以毫秒为单位），如果超出该时间网络流操作未运行，就会报错。默认值为 30 000 毫秒（30 秒）。

（7）目标：主要的电子邮件消息收件人，当有多个邮箱地址时用分号";"隔开。

（8）主题：电子邮件消息的主题。

（9）正文：电子邮件消息的正文。

（10）密码：用于发送邮件消息的电子邮件账户密码。当使用 QQ 邮箱时，需填写 QQ 邮箱的 SMTP 服务协议授权码。

（11）电子邮件：用于发送邮件消息的电子邮件账户。

（12）正文是 Html：默认为非勾选状态，指定是否以 HTML 格式写入邮件消息正文。

（13）附件：待添加至电子邮件消息的附件。

四、发送客户对账单

任务情境

某公司需要定期和客户进行对账，财务部小华需要通过财务机器人将对账单（文件名为："客户公司名称＋日期"）分别自动发送给每位的客户，客户公司的邮箱地址保存在名为"客户公司邮箱.xlsx"的文件中（见图 4-21）。

	A	B	C
1	客户公司名称	邮箱地址	
2	广东宏远	@qq.com	
3	北京首钢	@qq.com	
4	辽宁本钢	@qq.com	
5	山西汾酒	@qq.com	
6	浙江广厦	@qq.com	
7	八一双鹿	@qq.com	
8	青岛双星	@qq.com	
9			

图 4-21　客户公司邮箱

任务内容

（一）RPA 设计步骤（见表 4-4）

表 4-4　RPA 设计步骤

序号	步骤	活动	注意事项
1	获取日期	【输入对话框】	在"已输入的值"中创建变量"日期"
2	读取客户数据输出至变量	【读取范围】	以英文状态双引号下输入"客户公司邮箱文件"Excel 文档
3	在【读取范围】活动下添加【对于数据表中的每一行】活动	【对于数据表中的每一行】	设置数据表为"客户信息"
4	在【分配】活动下添加【发送 SMTP 邮件消息】活动	【发送 SMTP 邮件消息】	服务的授权码、电子邮件为：发件邮箱地址

发送客户对账单

（二）操作步骤

步骤一，在设计面板中添加【输入对话框】活动，设置参数内容（见图 4-22），在"对话框标题"处输入文本"请输入需要发送哪天的对账单"，"输入标签"处输入

图 4-22 【输入对话框】属性设置

文本"如 2021 年 6 月 30 日则输入：20210630"，"已输入的值"处创建变量"日期"。

步骤二，在活动面板中搜索工作簿条目下的【读取范围】添加至【输入对话框】下方，在其属性面板设置参数内容（见图 4-23），设置"工作簿路径"处为"客户公司邮箱.xlsx"文档在计算机中的完整路径；"范围"处为空；"数据表"处创建名为"客户信息"的变量；"添加标头"处为勾选。

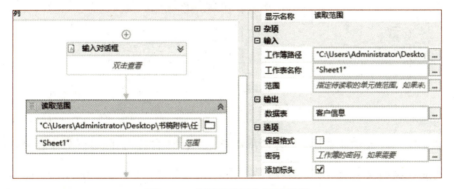

图 4-23 【读取范围】属性设置

步骤三，在活动面板中搜索【对于数据表中的每一行】添加至【读取范围】下方，在其属性面板设置参数内容（见图 4-24），设置"数据表"处为变量"客户信息"。

步骤四，在活动面板中搜索【发送 SMTP 邮件消息】添加至【对于数据表中的每一行】的"正文"，在其属性面板设置参数内容（见图 4-25），设置"服务器"处为 "smtp.qq.com"；"端口"处为 "465"；"目标"处为 "CurrentRow(1). ToString"；"主题"处为 "CurrentRow(0). ToString + 日期 + "对账单""；"正文"处为 "您好，附件内容是我司与贵司" + 日期 + "对账单，请查收核对！如有疑问请电话联系。"；"密码"处为 SMTP 服务的授权码；"电子邮件"处为发件邮箱地址。单击【发送 SMTP 邮件消息】活动的"附加文件"按钮。

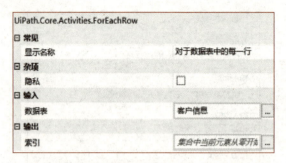

图 4-24 【对于数据表中的每一行】属性设置

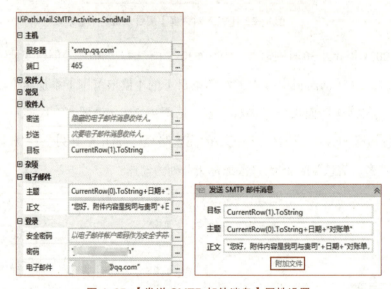

图 4-25 【发送 SMTP 邮件消息】属性设置

步骤五，在弹出的"文件"提示框中单击"创建参数"，因本任务中各公司的对账单就放在项目文件夹中，在新参数"值"的位置输入"CurrentRow(0). ToString + 日期 + ".xlsx""即可（见图 4-26）。

图 4-26 给参数赋值

步骤六，单击运行，程序就会自动依次发送带附件的邮件至客户公司的邮箱。在此我们设置客户公司均为自己的邮箱以便观察程序运行的结果（见图 4-27）。

整体流程设计见图 4-28。

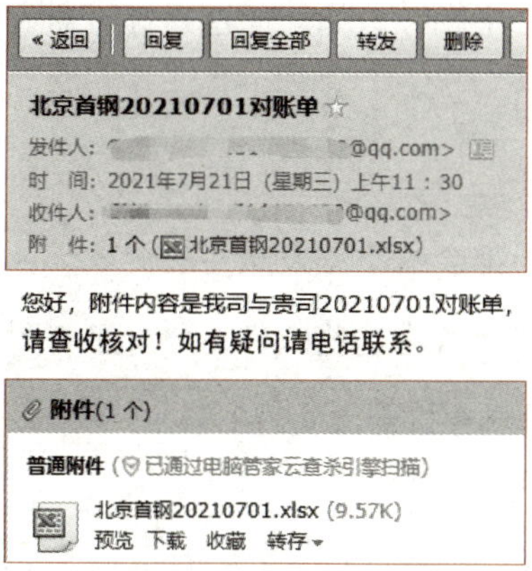

图 4-27　运行结果

图 4-28　整体流程

（三）相关知识

【输入对话框】显示一个对话框，通过其中的标签消息和输入字段提示用户。其属性见图 4-29。

（1）是密码：指定是否应将输入值视为密码。

（2）标签：表单字段的标签。

（3）标题：输入对话框的标题。

（4）选项：一系列可供选择的选项。如果有设置为仅包含一个元素，则会显示一个文本框用于填写文

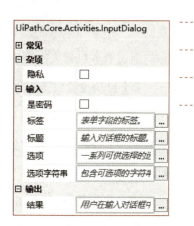

图 4-29　【输入对话框】属性

本。如果设置为包含 2 或 3 个元素，则会显示为单选按钮以供选择。如果设置为包含 3 个以上的项目，则会显示为下拉框以供选择。此字段仅支持"字符串数据"变量。

（5）选项字符串：包含可选项的字符串。选项由"；"分隔。如果设置为仅包含一个元素，则会显示一个文本框用于填写文本，如果设置为包含 2 或 3 个元素，则会显示为单选按钮以供选择。如果设置为包含 3 个以上的项目，则会显示为下拉框以供选择。此字段仅支持"字符串数据"变量。

（6）结果：用户在输入对话框中插入的值。

任务练习

1.【自动查看邮件主题】

会计小张每天工作特别忙，还要查看部门邮箱，而且部门邮箱收到的邮件也很多，他想在一个面板上直接查看部门邮箱收到的邮件主题，该如何通过财务机器人实现？

2.【自动下载邮件附件】

某公司在全国有 100 家门店，这 100 家门店每天都会给小王发送主题为"××门店销售日报"的邮件。小王每天都需要登录邮箱依次查看这些邮件，再分别将附件"销售日报"下载至指定的文件夹中，该如何通过财务机器人实现？

3.【自动发送当日邮件】

出纳小李想通过财务机器人将邮件主题为"×× 公司 ×× 年 ×× 月 ×× 日出纳日报"、正文为"×× 您好，附件内容是 ×× 年 ×× 月 ×× 日出纳日报，请查收！"，以"出纳日报.xlsx"作为邮件附件，自动发送给该公司的财务主管，该如何通过财务机器人实现呢？

4.【自动批量发送邮件】

某公司需要定期和客户进行对账，小刘想将对账单（文件名为："客户公司名称＋日期"）分别自动发送给每位客户，客户公司的邮箱地址保存在名为"客户信息表.xlsx"的文件中（见图 4-30）。

	A	B	C
1	客户公司名称	邮箱地址	
2	广东恒大	XXX@qq.com	
3	北京国安	XXX@qq.com	
4	辽宁盼盼	XXX@qq.com	
5	河北巨力	XXX@qq.com	
6	石家庄永昌	XXX@qq.com	
7	天津泰达	XXX@qq.com	
8	青岛国信	XXX@qq.com	
9			

图 4-30　客户信息表

RPA 在财务中的应用——Web 篇

RPA 可以对 Web 应用自动化，它能识别 Web 中的元素并执行一系列的操作（例如单击、输入信息，获取文本，抓取数据等）。有了 RPA 的帮助，我们可以轻松地执行 Web 应用的各种任务。

在应用 Web 自动化前需要对 UiPath 和浏览器进行设置。下面以 Chrome 浏览器为例进行设置。打开 UiPath，会出现如图 5-1 所示界面。在这个界面左侧单击"工具"，在 UiPath 拓展程序中单击"Chrome"（本书中 Web 应用内容以 Chrome 浏览器为例进行介绍），在弹出的对话框中单击"确定"，即完成了 UiPath 对 Chrome 浏览器的拓展设置。

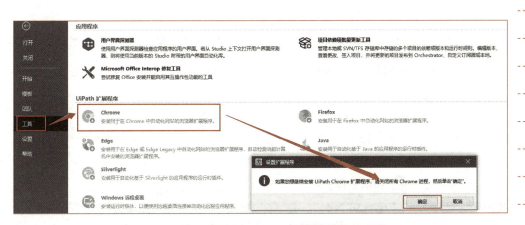

图 5-1　UiPath 中对 Chrome 浏览器的拓展设置

打开 Chrome 浏览器"设置"，单击"扩展程序"，启动 UiPath Web Automation。如图 5-2 所示，"UiPath Web Automation"右下角变成蓝色，即完成了 Chrome 浏览器对 UiPath 的拓展设置。

完成以上操作之后，就可以通过 UiPath Web Automation 的帮助来完成 Web 自动化的相关操作任务，如输入信息、点击目标、抓取数据、网页测试、生成报告、数据记录等。

图 5-2　设置 Chrome 浏览器中扩展程序

一、获取政策解读信息

任务情境

中华会计网校的会计小张想登录国家税务总局网站（见图 5-3），查看最新的税收政策解读，并以最近一条政策解读的标题为文件名称，该条政策解读的正文为文件内容，Word 文件保存到项目文件夹中。

图 5-3　国家税务总局网站

任务内容

（一）RPA 设计步骤（见表 5-1）

表 5-1　RPA 设计步骤

序号	步骤	活动	注意事项
1	输入国家税务总局网址	【打开浏览器】	设置浏览器类型
2	依次单击"税收政策""政策解读""最近一条政策解读"；稳定元素所在界面	【单击】【附加浏览器】	思考哪些元素是固定不变的，哪些是变化的
3	获取标题、正文	【获取文本】	如何匹配变化的元素
4	生成数据文件	【写入文本文件】	

（二）操作步骤

步骤一，在设计面板添加【打开浏览器】，设置"URL"处为国家税务总局网址 "http://www.chinatax.gov.cn/"，单击"运行"，程序就会自动打开国家税务总局的网页。设置上述操作步骤，UiPath 在运行时会默认打开 IE 浏览器。如果要通过 Chrome 浏览器来打开网页，可以在【打开浏览器】的属性面板"浏览器类型"处的下拉菜单中选择"Chrome"（见图 5-4）。否则 UiPath 在执行【打开浏览器】活动时都会默认为打开 IE 浏览器。

如使用其他类型的浏览器可参考上述对 UiPath、Chrome 浏览器的设置方法。

图 5-4　【打开浏览器】属性设置

步骤二，在活动面板中搜索【单击】添加至【打开浏览器】的"Do"中，通过"指出浏览器中的元素"按钮，选择页面中"税收政策"按钮；搜索【附加浏览器】至【单击】的下方，通过"指出浏览器中的浏览器"选择"税收政策"页面；搜索【单击】添加至【附加浏览器】的"Do"中，通过"指出浏览器中的元素"，选择"政策解读"按钮；搜索【单击】添加至【单击】下方，通过"指出浏览器中的元素"选择"最新一条政策解读的标题"（见图 5-5）。

搜索【附加浏览器】添加至【单击】下方，通过"指出浏览器中的浏览器"选

图 5-5 【单击】属性设置

择"最新一条政策解读"的页面。

步骤三，在活动面板搜索【获取文本】并添加两个【获取文本】至【添加浏览器】的"Do"中，依次分别通过"指出浏览器中的元素"按钮，去选择"标题"和"正文"元素（见图 5-6、图 5-7），并分别在其属性面板设置参数内容（见图 5-8），设置在"值"处创建变量"政策解读标题"和"政策解读"。就获取了"政策解读标题"和"政策解读"的内容。

步骤四，在活动面板中搜索【写入文本文件】添加至【获取文本】下方，设置"文本"处为变量"政策解读"；"写入文件名"处为表达式"政策解读标题 + ".docx""（见图 5-9）。

步骤五，单击运行，待程序运行完毕后，会在项目文件夹中出现一个 Word 文件，名称为：关于《国家税务总局关于公布全文和部分条款失效废止的税务规范性文件目录的公告》的解读，打开该文件，可以看到政策解读的正文内容（见图 5-10）。

图 5-6　选择标题元素

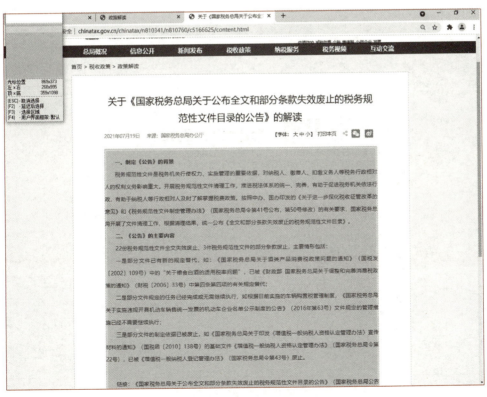

图 5-7　选择正文元素

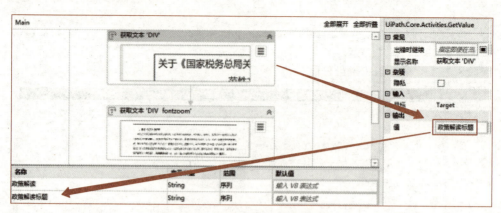

图 5-8 【获取文本】属性设置

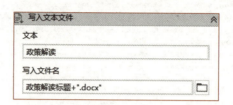

图 5-9 【写入文本文件】属性设置

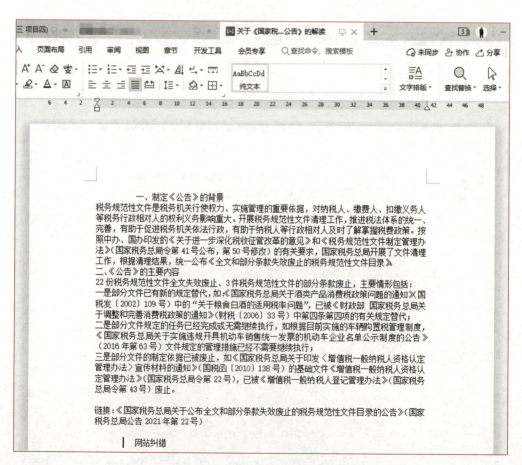

图 5-10　运行结果

在此要思考这样一个问题，在这些元素中"税收政策"和"政策解读"两个元素，位置和内容是不变的；"最新一条政策解读"的标题和"政策解读"的正文这两个元素虽然位置没有变化，但内容却是随着时间的推移在与时俱进，是不断变化的，那么页面再次更新后 UiPath 必然抓取不到这样的元素，这时通过设置"编辑选取器"就可以成功抓取到这样变化的元素。

在当前页面下，打开【获取文本】的菜单选项，单击"编辑选取器"（见图5-11）。

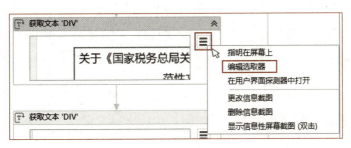

图 5-11　编辑选取器

再随机打开另一个"政策解读"页面，回到"选取器编辑器"对话框，内容见图 5-12。

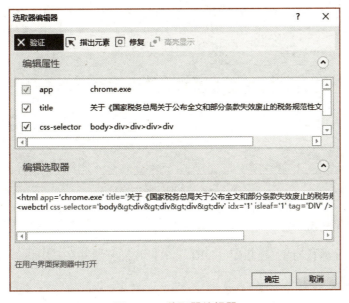

图 5-12　选取器编辑器

"验证"位置的图标由绿色变为红色，即在当前页面中无法获取到目标元素，单击"修复"选项再重新选择这个页面的"政策解读"标题，会弹出"信息"消息框（见图 5-13）。

此时返回"编辑选取器"，"验证"图标又重新变成了绿色，即 UiPath 可以抓取到该

图 5-13　选取器更新

目标元素。仔细观察"编辑属性"，我们可以看到"title"后面的内容由"关于《国家税务总局关于公布全文和部分条款失效废止的税务规范性文件目录的公告》的解读"变成了"关于《国家税务总局关于 * 的公告》的解读"（见图 5-14）。即该活动可以抓取到"关于《国家税务总局关于 * 的公告》的解读"这样的政策解读标题元素，其中"*"是通配符，可以替换 0 个、1 个或多个字符，类似的通配符还有"？"，可以替换 1 个字符。

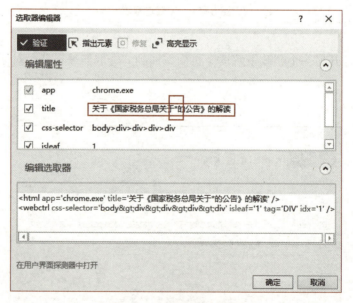

图 5-14　选取器验证通过

（三）相关知识

（1）【打开浏览器】：在指定"URL"中打开浏览器并在其中执行多项活动的容器，其属性见图 5-15。

① 出错时继续：指定即使在当前活动失败的情况下，仍继续执行剩余的活动。仅支持布尔值（True、False）。

图 5-15 【打开浏览器】属性

② URL：要在指定浏览器中打开的网址。

③ 浏览器类型：选择要使用的浏览器类型。可用的选项如下：IE、Firefox、Chrome、Edge、Custom。程序默认使用"IE 浏览器"，如果需要更换浏览器类型，可通过浏览器类型下拉菜单，选择所需浏览器。

④ 用户界面浏览器：活动结果为用户界面浏览器对象。存储所有与浏览器会话有关的信息。仅支持浏览器变量。

（2）【单击】：单击指定的用户界面元素，其属性见图 5-16。

图 5-16 【单击】属性介绍

101

① 在此之前延迟：活动开始执行任何操作之前的延迟时间（以毫秒为单位）。默认时间量为200毫秒。

② 在此之后延迟：执行活动之后的延迟时间（以毫秒为单位）。默认时间量为300毫秒。

③ 单击类型：指定模拟点击事件时所使用的鼠标点击类型（可在其下拉菜单中选择，包括：单击、双击、向上滚动、向下滚动）。默认情况下，选择单击。

④ 元素：使用另一个活动返回的用户界面元素变量。该属性不能与"选取器"属性一起使用。该字段仅支持用户界面元素变量。

⑤ 等待准备就绪：执行操作之前，等待目标准备就绪。可用的选项如下：无——不等待目标准备就绪；交互——等到只加载了应用程序的一部分；完成——等到加载了整个应用程序。

⑥ 超时（毫秒）：指定等待时间（以毫秒为单位），如果超出该时间活动未运行，就会引发错误。默认值为30 000毫秒（30秒）。

⑦ 修饰键：用于添加修饰键。可在其下拉菜单中选择，包括：Alt、Ctrl、Shift、Win。

⑧ 光标移动类型：指定鼠标光标要执行的移动类型。有两个选项：即时——光标会跳至目标位置；平滑——光标会渐进移动。如果启用了"发送窗口消息"或"模拟单击"，则没有效果。默认选项为"即时"。

（3）【获取文本】：从指定用户界面元素提取文本值，其属性见图5-17。

① 出错时继续：指定即使在当前活动失败的情况下，仍继续执行剩余的活动。仅支持布尔值（True、False）。

② 值：用于在变量中存储指定用户界面元素中的文本，并使用VB表达式进行修改。在该字段中创建的变量为泛型值类型。

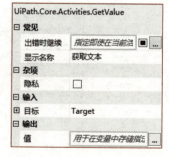

图5-17 【获取文本】属性

二、自动登录课程网址

任务情境

财务部小华想通过财务机器人，录制以下过程：登录中华会计网校，单击"初级会计职称"按钮，单击"免费试听"按钮，进入初级会计职称免费试听课。

任务内容

（一）RPA 设计步骤

除了前文介绍的通过手动拖拽活动来建立机器人实现流程自动化之外，UiPath
还提供了更方便、更快速的"录制"功能（见表 5-2）。

表 5-2　RPA 设计步骤

序号	步骤	活动	注意事项
1	选择"录制——网页"	"录制"	提前手动打开目标网页
2	获取当前页面浏览器	"打开浏览器"	返回至目标页面
3	获取页面网址	"单击"	确认页面网址无误
4	记录登录的过程	"录制登录过程"	账号、密码输入完成后按回车键
5	选择目标按钮	"单击"	
6	保存并生成对应的活动	"保存并退出"	录制完毕按 Esc 键

（二）操作步骤

此任务需要使用"录制"功能。

步骤一，首先打开 Chrome 浏览器，输入"https://www.chinaacc.com"打开中
华会计网校的主页。在 UiPath 工具栏，单击"录制"的下拉菜单，选择"网页"选
项，如图 5-18 所示。

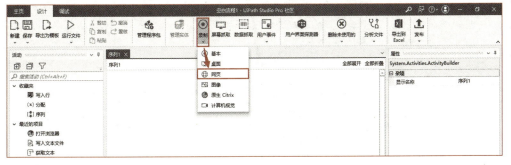

图 5-18　网页录制

自动登录课
程网址

步骤二，在弹出的"网页录制"提示框中，单击"打开浏览器"选项（见图5-19），此时会切换到浏览器，鼠标变成蓝色的手型，即进入选择模式。若此时当前页面不是需要的页面，可按下键盘"F2"键，切换到需要的页面后再进行后续操作。

步骤三，蓝色手形的鼠标在打开的中华会计网校主页的任意地方单击，会出现"URL"提示框，并获取到当前网页地址，单击"确定"按钮（见图5-20）。

图 5-19　在网页录制提示框中打开浏览器

图 5-20　URL 提示框

步骤四，回到"网页录制"框，单击"录制"，鼠标变成蓝色的手形。依次单击中华会计网校网页右上角的"登录"按钮；单击"账号密码登录"页签；将手形光标放在"请输入手机号 / 账号"的位置，单击后会弹出"输入所需值"提示框，输入账号后，按下"Enter"键，完成账号的输入（见图5-21）。再用以上输入账号的方法完成密码的输入。

图 5-21　输入所需值

步骤五，用鼠标依次单击"初级会计职称""免费试听"的按钮，即完成了进入课程页面的操作。

步骤六，按下键盘的"Esc"键，结束录制，返回至"网页录制"框，单击"保存并退出"（见图 5-22），就完成了在中华会计网校网址中，输入账号、密码，并进入到免费试听模块的流程录制。

图 5-22　保存并退出

最后，返回到 UiPath 界面，通过录制功能就会记录下刚才在浏览器中手动操作的过程，并自动生成对应的一系列活动。

（三）相关知识

录制是 UiPath 的重要组成部分，不仅可以录制 Web 应用程序的流程，还可以录制桌面应用程序的流程，通过此功能可以轻松地在屏幕上捕获用户的动作并将其转换为序列，从而可以帮助我们在自动化业务流程中节省大量时间。虽然录制功能简单直接，但并非适用各种情况。例如，每隔一段时间就要执行一段操作，但操作的内容每次都有变化，那么显然我们需要借助循环来解决这样的问题，但录制是没有办法创建循环的。同样，录制也无法创建【IF 条件】、【流程决策】这样的判断语句，如果尝试在录制模式下召唤鼠标右键，将会直接结束录制模式，这些都是录制功能的局限性。

三、抓取会计岗位信息

任务情境

近期由于公司各项业务量都在增加，造成各部门对人员招聘的需求也在增加，人事部的小李想请会计小张通过财务机器人自动登录到前程无忧网址，搜索北京市会计岗位的招聘信息并将前 500 条数据抓取保存下来，以便了解招聘市场行情。

任务内容

（一）RPA 设计步骤（见表 5-3）

表 5-3 RPA 设计步骤

序号	步骤	活动	注意事项
1	输入招聘网址	【打开浏览器】	设置浏览器类型
2	单击"地区频道""北京""搜索"按钮	【单击】	元素是否成功获取
3	在搜索栏输入检索信息	【输入信息】	元素是否成功获取
4	依次根据提示单击目标元素	【数据抓取】	注意操作过程
5	写入抓取数据	【写入范围】	变量范围

（二）操作步骤

抓取会计岗位信息

如果想要从没有导出功能的 Web 界面中导出结构化的数据信息，该如何通过 UiPath 来实现呢？这就需要依靠 UiPath 中的"数据抓取"功能，它可以从浏览器网页中把结构化的数据提取出来，并形成 DataTable 类型的数据，见图 5-23。

图 5-23 数据抓取

以抓取北京市会计岗位的招聘信息为例，在前程无忧网中进行数据抓取，来获得前 500 条招聘信息数据（包括：岗位名称、公司名称、薪资范围、岗位要求、公司规模、岗位福利、岗位发布时间）。

步骤一，在设计面板添加【打开浏览器】，设置网址为"http://www.51job.com/"。

步骤二，添加四个【单击】和【输入信息】，然后通过"指出浏览器中的元素"依次单击"地区频道""北京""搜索框"并设置输入信息为"会计"，单击"搜索""下一步"按钮。

步骤三，在获得目标网页界面后，回到 UiPath，单击"数据抓取"功能项，会弹出"选择一个值"消息框（见图 5-24），单击"下一步"。界面会回到刚才目标页面，用鼠标选中第一条搜索记录中的岗位名称"会计经理"，此时该信息会被加上

图 5-24　提取向导消息框

蓝底黄框（见图 5-25），单击该目标信息，会弹出消息框，单击"下一步"。界面会回到目标页面，用鼠标选中第二条搜索记录中的岗位名称"财务会计经理"，此时该信息会被加上蓝底黄框。单击该目标信息，会弹出"配置列"消息框（见图 5-26），在"文本列名称"框中输入"岗位名称"，然后单击下一步。弹出预览数据消息框，在"预览数据"中可以看到 UiPath 已经成功抓取到网页中会计经理岗位信息的内容，然后在"最大结果条数"框中设置 500，以获取前 500 条会计经理岗位信息，再单击"提取相关数据"按钮（见图 5-27）。

图 5-25　单击目标元素

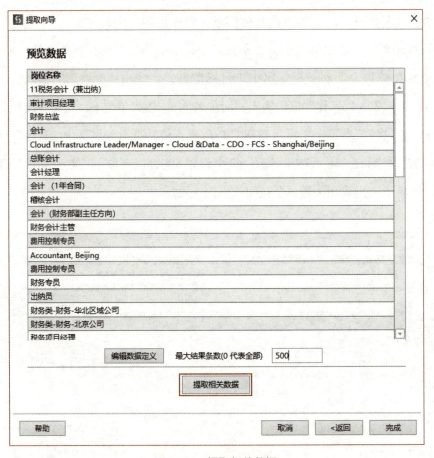

图 5-26 配置列

图 5-27 提取相关数据

　　步骤四，弹出"选择一个值"消息框，仿照获取"岗位名称"的操作，依次分别获取"公司名称、薪资范围、岗位要求、公司规模、岗位福利、岗位发布时间"的相关数据，这几项数据的设置操作完成后，在"预览数据"中会看到 UiPath 已经成功抓取到网页中前 500 条搜索结果的"岗位信息、公司名称、薪资范围、岗位要求、公司规模、岗位福利、岗位发布时间"的数据（见图 5-28），单击完成。

图 5-28　获取其他数据

步骤五，弹出"指出下一个链接"消息框，当设定的最大结果条数的值大于当前网页界面所能提供的最大财务岗位信息量时，选择"是"按钮；反之，则应选择"否"按钮。此任务设置的最大结果条数为 500，很明显远远大于当前网页界面所能提供的会计经理岗位信息量，故在此单击"是"按钮（见图 5-29）。

在单击"是"按钮后，界面重新回到"前程无忧"网页的界面，单击页面右侧的"下一页"按钮。

步骤六，在单击"下一页"按钮

图 5-29　数据是否跨页面选择

后，界面重新回到"UiPath"的界面，就可以看到在上一步设计程序后自动添加了【附加浏览器】及【提取结构化数据】（见图 5-30）。选中【提取结构化数据】查看其属性，发现在"数据表"框中创建了一个名为"ExtractDataTable"的变量，其类型为 DataTable。

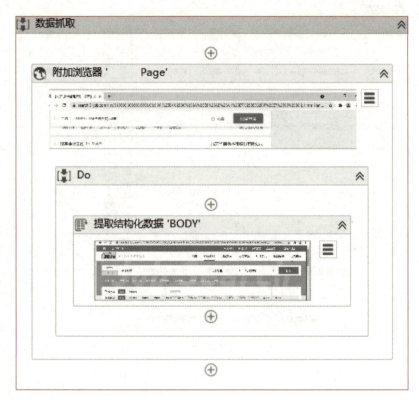

图 5-30　提取结构化数据

至此已经获取了目标数据，即变量"ExtractDataTable"。接下来，将获取的数据输出到创建命名为"北京市会计岗位招聘信息数据抓取.xlsx"的 Excel 文档中，可以通过添加【写入范围】，在"工作簿路径"框中输入"北京市会计岗位招聘信息数据抓取.xlsx"，在"数据表"框中输入变量"ExtractDataTable"（见图 5-31），此时整个流程即设计完毕。

图 5-31　【写入范围】属性设置

单击运行，在程序结束后，可以发现该程序所在文件夹中会自动生成一个名为"北京市会计岗位招聘信息数据抓取.xlsx"的 Excel 文档，打开该文档，会发现在网页中获取的目标信息已经被写入到 Excel 文档中（网页数据会随时更新，请以实际

页面数据为准）。

（三）相关知识

"数据抓取"功能是 UiPath 的重要组成部分，使用"数据抓取"可以将浏览器、应用程序或文档中的结构化数据信息提取到数据库或 .csv 文件甚至 Excel 电子表格中。可以丰富获取数据的渠道，但对于零散数据的获取，该功能并不适用。

任务练习

1.【自动登录网址并搜索、获取信息至指定的文件中】

自动登录百度百科的网址，并查询"注册会计师"词条，将词条解释的内容保存至项目文件夹的 Word 文档中。

2.【录制程序操作过程】

通过"录制"功能，录制计算器计算 1 加 2 求和的过程。

3.【自动抓取租房信息】

自动登录链家网网址，并以北京市海淀区整租两居房源信息为例，在链家网中进行数据抓取，来获得前 200 条房源信息数据（包括：房源基本信息、月租金、房源优势 1、房源优势 2、房源维护时间），将抓取到的数据保存至项目文件夹的 Excel 文档中。

🔧 前沿资讯

新技术助力数字政府建设

在第二届世界互联网大会开幕式上，强调建设"数字中国"的重要性，其中"数字政府"是"数字中国"体系的有机组成部分。2021 年 3 月，《中华人民共和国国民经济和社会发展第十四个五年规划和 2035 年远景目标纲要》公布，其中有提到"数字政府"。要将数字技术广泛应用于政府管理服务，推动政府治理流程再造和模式优化，不断提高决策科学性和服务效率。

"数字政府"以数据共享为核心引擎。"数字政府"的本质是在数据共享的基础上实现业务流程再造。政府数字化转型在统一的政府服务平台上，实现跨区域、跨部门、跨系统、跨业务的数据共享，打破信息数据的壁垒，让数据活起来用起来，全面推进政府运行方式，让业务流程和服务模式数字化，加速政府数字化转型。大数据、人工智能可以极大提高政府各部门间协同办公能力，提高为民办事的效率，大幅降低政府管理成本，为政府决策提供有力支持，不断推进更加智慧、更加科学、更加高效的"数字政府"。

模块三
RPA 财务机器人综合实战

3

在《中华人民共和国国民经济和社会发展第十四个五年规划和 2035 年远景目标纲要》中，"加快数字化发展，建设数字中国"作为独立篇章，将打造数字经济新优势，坚持新发展理念，营造良好数字生态，列为"十四五"时期目标任务之一。引导支持办公自动化，加快数字化转型在各行业的融合应用，推动企业数字化转型升级。推动以大数据、自动化促进新业态新模式发展，支持企业线上线下业务融合，培养数据驱动型企业。

财务机器人是机器人流程自动化（RPA）在财务领域的具体应用。财务机器人在 RPA 技术的基础上，针对财务的业务内容和流程特点，以自动化替代手工操作，辅助财务人员完成交易量大、重复性高、易于标准化的基础业务，从而优化财务流程，提高业务处理效率和质量，促进财务部门及人员的数字化转型。

企业运用智能财务会计平台实现会计业务的全流程管理是未来的方向，它能够将企业内部 ERP、OA 等各种系统打通，能够与外部的银行、税务局、供应商等建立联系，实现互联互通的状态，能够及时准确地获取业务、财务等信息。同时，利用 RPA、大数据技术等进行数据的加工和处理，输出不同人员需要的信息，从而打破信息孤岛，降低信息不对称程度，提高企业运行的质量和效率。

在实际工作当中，基于成本及业务等相关因素考虑，相当多的企业并没有完全使用智能化系统，只是使用了采购系统、销售系统、总账系统等部分功能，只能实现业务的半自动化，这也给财务机器人提供了更广泛的实施空间。

🎯 学习目标 ▶▶▶

知识目标	1. 掌握 RPA 可行性和必要性的分析方法
	2. 掌握 Selector 的含义及应用方法
	3. 掌握 RPA 流程设计和程序开发的方法

技能目标

1. 会应用和开发网银付款机器人
2. 会应用和开发账龄分析机器人
3. 会应用和开发汇率维护机器人
4. 会应用和开发银企对账机器人
5. 会应用和开发发票开具机器人

素养目标

1. 具有良好的服务意识，善于沟通，能随时发现和解决工作中遇到的问题
2. 具备较强的逻辑思维和动手能力，能够进行 RPA 程序流程设计

学习导图 ▶▶▶

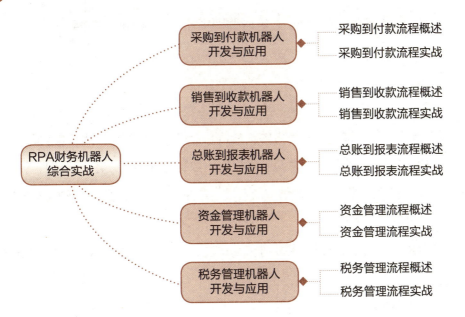

采购到付款机器人开发与应用

采购，是指企业在一定的条件下从供应市场获取产品或服务作为企业资源，以保证企业生产及经营活动正常开展的一项企业经营活动。采购到付款流程是企业与供应商之间的财务关联，包括供应商管理、采购订单（合同）、采购发票、采购入库、付款申请、资金支付、供应商对账等环节。

一、采购到付款流程概述

在采购到付款流程中，各环节业务规则明确、自动化程度较高，适用引入财务机器人。RPA 在采购到付款流程的应用见图 6-1。

图 6-1　RPA 在采购到付款流程的应用

（一）供应商档案维护

RPA 财务机器人将供应商提供的资料信息上传至系统当中，比如获取营业执照影像，识别指定字段的信息，填写到供应商主数据管理系统，并上传附件等。RPA 财务机器人可实现定期自动审核供应商资质信息并反馈结果信息到指定的负责人员。

（二）录入采购订单

通过 OCR 扫描采购合同并识别相关信息，RPA 财务机器人将相关信息录入 ERP 系统。

（三）录入采购发票

RPA 财务机器人获取纸质发票、电子发票等信息，对采购订单、采购入库单、采购发票信息进行匹配校验，校验通过后，由 ERP 系统自动勾稽采购入库单与采购发票，并生成应付凭证。

（四）录入付款申请单

通过 OCR 扫描付款申请单并识别付款信息，或在 OA 等审批系统中获取付款信息，RPA 财务机器人将付款申请单信息录入 ERP 系统，并与采购订单、采购发票、采购入库单等信息进行匹配校验。

（五）录入网上银行系统

RPA 财务机器人根据校验通过的付款申请单，将付款信息录入网上银行系统进行付款操作。

（六）供应商对账

人工设置好对账时间，RPA 财务机器人登录 ERP 系统的财务模块，查询供应商信息并导出，自动向供应商发送邮件，完成对账提醒。

二、采购到付款流程实战

在采购到付款流程中，把付款信息录入网上银行系统是每一家企业必备的流程环节。每月需要录入的付款信息比较多且时效性要求高，填写付款数据会耗费大量的人力且精度要求高，容易出错，这是企业面临的共同痛点。下面通过任务场景来学习如何设计、开发一个网银付款机器人以提高工作效率。

任务情境

在北京加旺电器有限公司北京总部财务部办公室里，小李正在将数量众多的付款申请单手工录入网银系统中，这将耗费他大量的时间和精力。

第二天，小李来到公司的 RPA 产品开发部门，跟产品经理赵工咨询关于网银付款信息录入是否可以开发网银付款机器人，对话如下：

赵工：先简单地描述一下网银付款的业务流程，需要初步判断一下网银付款机器人实施的可行性和必要性。

小李：业务部门将审批完的付款申请单发送到我的邮箱或者其他通信工具，我将收到的付款申请单上的付款信息录入到网银系统中对应的位置，单击提交后等待

上级领导审核。

赵工：那我有几个问题。

（1）网银系统中有多少家银行，是否会有升级的计划？

（2）公司的付款流程是否实现了规范化？

（3）如果手工操作，每个月该项工作总耗时大概多少？

小李：目前通过交通银行完成网银付款工作，需要录入的信息包括"收款银行""收款账号""收款户名""汇款金额"及"摘要信息"，且5年内没有系统升级的计划。每月的付款申请单在600~1 000份，每份付款申请单通过手工录入要2分钟，每个月总耗时在20~33小时，所有部门的付款申请单的格式都是统一的。但是付款申请单接收的途径并不一致，有钉钉、邮箱、微信和其他方式，且接收付款申请单的时间也是随机的。

任务内容

（一）需求收集与流程分析

1. 需求收集

根据任务情境中对付款流程的描述，该业务流程有以下三个痛点。

（1）每个月需要录入的付款申请单比较多，填写数据耗费大量的人力；

（2）业务时效性要求较高，待处理数据庞杂且精确度要求高，容易出错；

（3）工作附加值低，造成员工职业成长缓慢、离职率高。

2. 流程分析

人工流程和RPA流程对比见表6-1。

表6-1　人工流程和RPA流程对比

人工流程	RPA流程
① 下载付款申请单（通过钉钉、邮箱等）	① 通过网银付款机器人批量下载邮箱附件
② 登录网上银行页面	② 打开浏览器，自动登录网上银行页面
③ 输入银行账户、密码，单击登录	③ 自动输入账号、密码，单击登录
④ 单击单笔付款模块	④ 自动单击企业单笔付款模块
⑤ 打开第一个付款申请单	⑤ 根据下载的付款申请单，自动构建所有付款的数据表（或直接调用Excel表格内容）

续表

人工流程	RPA 流程
⑥ 录入每一条付款信息（收款银行、收款账号、收款户名、汇款金额、摘要信息）	⑥ 判断对方收款银行是否为本企业的付款银行 ⑦ "是"：自动输入（收款账号、收款户名、汇款金额、摘要信息） ⑧ "否"：自动选择其他银行，自动输入（收款账号、收款户名、汇款金额、摘要信息）
⑦ 单击保存、确定	⑨ 自动单击保存、确定
⑧ 重复⑤⑥⑦的动作	⑩ 自动重复⑥⑦⑧⑨的动作
	⑪ 弹出信息框：输入完成

（二）可行性分析

在需求收集和流程分析之后，要进行可行性分析，目的是尽可能地在开发之前找出并清除潜在的障碍。列出在分析过程中，需要考虑的问题和分析结果，可行性分析见表 6-2。

表 6-2　可行性分析

问题	分析结果
通过网银付款机器人批量下载邮箱附件可以实现吗？	该业务需要从不同途径下载附件，需要重新梳理工作流程，统一付款申请单的提交途径
网银付款机器人可以自动登录网上银行吗？	可以
登录网上银行的过程中是否存在验证码或者其他很难实现自动化的影响因素？	只需输入用户名和密码就能登录
网银付款机器人可以登录网上银行手机 APP 吗？	不可以，需要网页版的网上银行
付款申请单的格式可以不一样吗？	不可以，付款申请单格式需要统一，网银付款机器人才能够准确地录入信息
网上银行系统升级的情况需要考虑吗？	需要考虑，如果系统升级，需要针对升级后的系统进行网银付款机器人的开发

从上述的问题和分析结果可以看出，网银付款机器人每一步操作都是有规则的指令，同时付款申请单格式统一且以 Excel 表格为载体，是结构化数据，可以实现自动化。

（三）流程设计与开发

结合流程分析、可行性分析的结果，该网银付款机器人的流程设计和开发可由

网银付款机器人

"获取付款申请单中的数据""自动登录网银付款系统""将付款信息录入网上银行系统指定位置"三部分构成。

下面将对每个部分涉及的开发步骤进行详细介绍。

任务所需的"付款申请单""交通银行网址"等信息，请扫描边白处二维码获取。

1. 获取付款申请单中的数据

获取付款申请单中的数据是流程设计和开发的第一个部分，共分为四个步骤，见图 6-2。

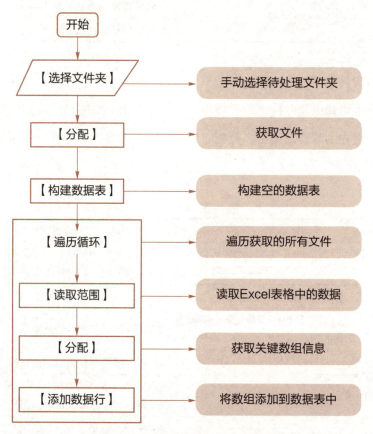

图 6-2　获取付款申请单中的数据流程

步骤一，添加【选择文件夹】。在活动面板中搜索并添加【选择文件夹】至设计面板，在其属性面板设置参数内容（见图 6-3），设置在"选择的文件夹"处创建变量"files"，以存储选择的文件夹路径。

步骤二，添加【分配】。在活动面板中搜索【分配】添加至【选择文件夹】下方，在属性面板设置参数内容（见图 6-4），设置"受让人"处创建变量"files_name"；"值"处为表达式"Directory.GetFiles(files,"*")"。

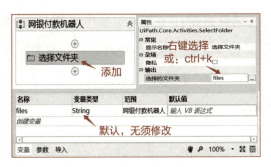

图 6-3　【选择文件夹】属性设置

图 6-4　【分配】属性设置

其中表达式 Directory.GetFiles(String path,"*") 是指返回指定目录中文件的完整路径。参数 1（String path）在本任务中指选取的文件夹（即变量 files），参数 2("*")为通配符，指文件夹下的所有文件。

在输入表达式"Directory.GetFiles(files,"*")"之后，【分配】右上角出现红色叹号，表明该活动并未设置正确，将鼠标移动到红色感叹号上可以看到提示"处理表达式"Directory.GetFiles(files,"*")"时遇到了编译器错误，类型"String 的 1 维数组"的值无法转换为"String"，表明变量"files_name"的数据类型错误，将其设置为"String[ ]"（见图 6-5）。

图 6-5　String[ ] 变量类型设置

121

步骤三，添加【构建数据表】。在活动面板中搜索【构建数据表】添加至【分配】下方，单击"数据表"按钮，删除非空白数据行设置所需付款信息的列表头（见图 6-6），包括"收款人""开户行""银行账号""付款总额""付款原因及说明"，数据类型均为 String。

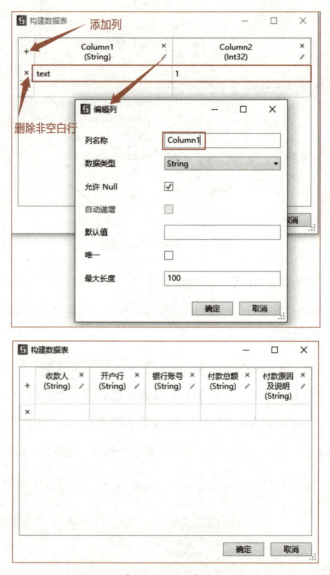

图 6-6　【构建数据表】属性设置

　　在【构建数据表】的属性面板"数据表"处创建变量"Table1"，其数据类型默认为"DataTable"类型（见图 6-7）。

名称	变量类型	范围	默认值
files	String	网银付款机器人	*输入 VB 表达式*
files_name	String[]	网银付款机器人	*输入 VB 表达式*
Table1	DataTable	网银付款机器人	*输入 VB 表达式*

变量　参数　导入　　　　　　　　　🖑 🔍 100% ▾

图6-7　【构建数据表】属性设置

步骤四，读取 Excel 表格中所需的付款信息并写入构建的数据表中。在活动面板中搜索【遍历循环】添加至【构建数据表】下方，在其属性面板设置参数内容（见图6-8所示），设置"值"处为变量"files_name"；"TypeArgument"处为"String"类型，在本案例中遍历元素为字符串类型，应当将默认的"Object"修改为"String"类型。

图6-8　【遍历循环】属性设置

在活动面板中搜索工作簿条目下的【读取范围】添加至【遍历循环】的"正文"中，在其属性面板设置参数内容（见图6-9），设置"工作簿路径"处为"item"；"工作表名称"处为"Sheet1"；"范围"处为空；"添加标头"处为非勾选；"数据表"处创建变量"files_information"，来存储读取的文件内容信息。

图6-9　【读取范围】属性设置

在活动面板中搜索【分配】添加至【读取范围】下方，设置表达式为"{files_information.rows(9)(1). ToString, files_information.rows(10)(1). ToString，files_information.rows(11)(1). ToString, files_information.rows(12)(1). ToString，files_information.rows(14)(1). ToString}"并定义变量为"付款信息"，将变量"付款信息"

的数据类型设置为"String[ ]"（见图6-10）。

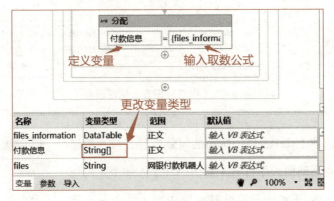

图6-10　【分配】属性设置

在活动面板中搜索【添加数据行】添加至【分配】下方，在其属性面板设置参数内容（见图6-11），设置"数据表"处为变量"Table1"，"数组行"处为变量"付款信息"。

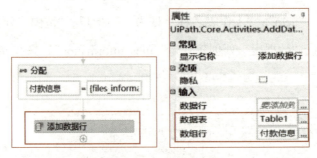

图6-11　【添加数据行】属性设置

2. 自动登录网银付款系统

自动登录网银付款系统是流程设计和开发的第二个部分，为一个步骤（见图6-12）。

步骤五，打开浏览器，登录网银系统，选择付款模块。

在活动面板中搜索【打开浏览器】添加至【遍历循环】下方，在其属性面板设置参数内容（见图6-13），设置"URL"处为资料中交通银行的网址；"浏览器类型"处下拉菜单中选择"Chrome"。

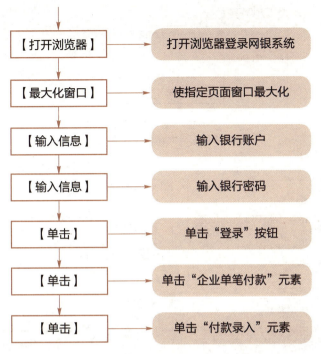

图 6-12 自动登录网银付款系统流程

图 6-13 【打开浏览器】属性设置

在活动面板中依次搜索【最大化窗口】、两个【输入信息】、三个【单击】添加至【打开浏览器】的"Do"（见图 6-14 至图 6-16），设置"银行账户"处输入的信息为 "11001010400130586430"；"密码"处输入的信息为 "123456"，依次单击"登录""企业单笔付款""付款录入"按钮。

即完成了打开交通银行的网页，输入账号、密码，登录交通银行网上银行系统，打开付款模块，进入到付款录入页面的程序设计。

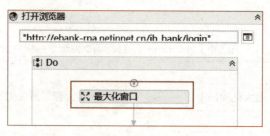

图 6-14 【最大化窗口】属性设置

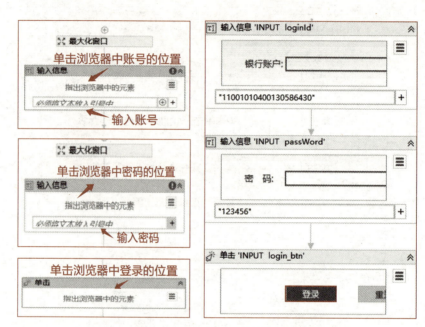

图 6-15 【输入信息】属性设置

图 6-16 【单击】属性设置

3. 将付款信息录入网上银行系统指定位置

将付款信息录入网上银行系统指定位置是流程设计和开发的第三个部分，共分为两个步骤，见图 6-17。

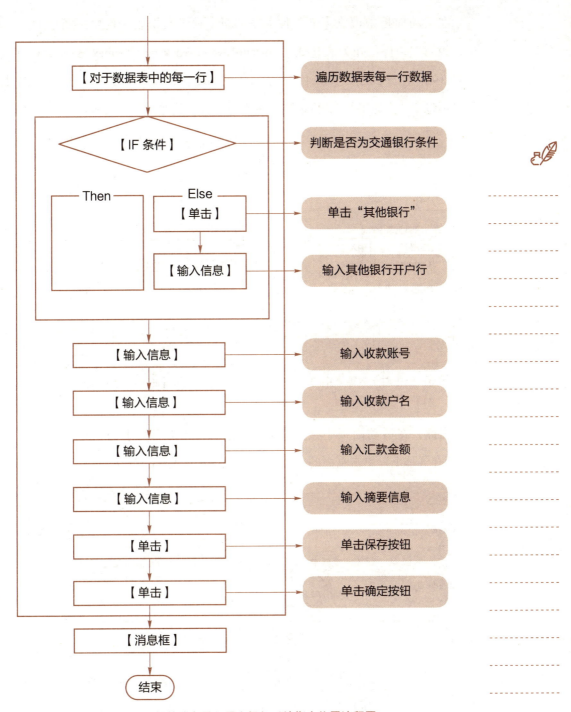

图 6-17　将付款信息录入网上银行系统指定位置流程图

步骤六，将变量"Table1"中构建好的付款信息，逐个录入至网银系统。

在活动面板中搜索【对于数据表中的每一行】添加至【单击】下方，设置"输入"处为变量"Table1"，"遍历循环"处默认为"CurrentRow"（见图 6-18）。

127

在活动面板中搜索【IF 条件】添加至【对于数据表中的每一行】的"正文"中，设置"条件"处为表达式"CurrentRow(1). Tostring.contains("交通银行")"（见图 6-19）。用于判断"Table1"当前行中的"收款银行"列是否包含"交通银行"，如果不包含"交通银行"，则需要在页面中单击"其他银行"按钮。

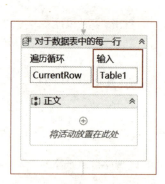

图 6-18　【对于数据表中的每一行】属性设置

图 6-19　【IF 条件】属性设置

因此，在活动面板中搜索【单击】添加至【IF 条件】的"Else"框中，通过"指明在屏幕上"单击页面的"其他银行"按钮（见图 6-20）。

图 6-20　选择其他银行

再在活动面板中搜索【输入信息】添加至【单击】下方，通过"指明在屏幕上"选中"收款方所在银行"框，并设置输入信息为"CurrentRow(1). Tostring"（见图 6-21）。

在活动面板中搜索四个【输入信息】依次添加至【对于数据表中的每一行】的"正文"中（【IF 条件】下方），通过"指明在屏幕上"依次选中"收款账号"框、"收款户名"框、"汇款金额"框、"手工录入"框，依次设置"收款账号"处为

"CurrentRow(2). Tostring" "收款户名" 处为 "CurrentRow(0). Tostring" "汇款金额" 处为 "CurrentRow(3). Tostring" "手工录入" 处为 "CurrentRow(4). Tostring" （见图 6-22）。

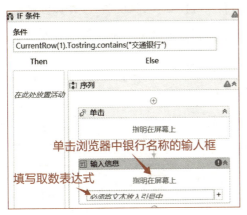

图 6-21　【输入信息】属性设置

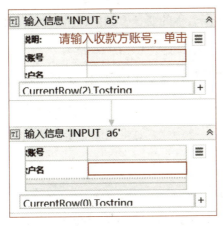
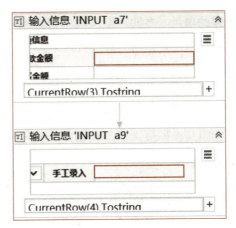

图 6-22　【输入信息】属性设置

在活动面板中搜索两个【单击】添加至【输入信息】下方，通过"指明在屏幕上"依次选中页面中的"保存"按钮及"信息"框的"确定"按钮，见图 6-23。

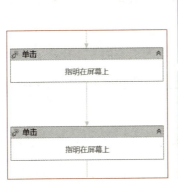
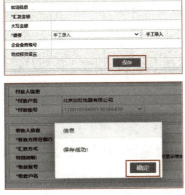

图 6-23　【单击】属性设置

129

通过遍历变量"Table1"中每一行，读取当前行中的付款信息，录入至网银系统。当收款银行不是交通银行时，则选择"其他银行"并录入收款银行名称，然后依次录入"开户行""银行账户""付款总额""付款原因及说明"，并保存确定；当收款银行是交通银行时，重复上述步骤。然后再依次读取其他行数据并按照上述规则录入，直至全部完成。

步骤七，添加【消息框】。在活动面板中搜索【消息框】添加至【对于数据表中的每一行】下方，设置"文本"处为"全部输入完成"（见图6-24），提示用户录入完成。

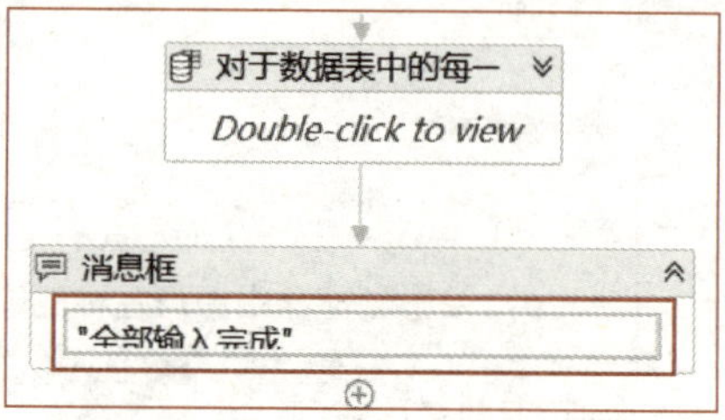

图6-24 【消息框】属性设置

（四）相关知识

（1）变量的主要作用是对某个活动运行的结果进行存储，它在机器人中扮演数据传递的角色。在同一范围内不可以创建相同名称的变量，如果程序没有其他的问题，但是运行不成功，请检查是否存在相同名称的变量（见图6-25）。

（2）变量的作用范围，是指该变量可以使用在哪个作用范围，如果出现蓝色感叹号且提示语为"处理表达式'消息框'时遇到了编译器错误。未声明'消息框'。它可能因其保护级别而不可访问"时（见图6-26），需要将相应变量的范围修改成最大范围的序列。

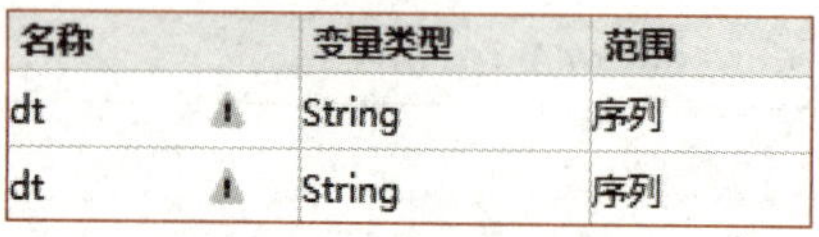

名称		变量类型	范围
dt	⚠	String	序列
dt	⚠	String	序列

图6-25 变量名称重复

处理表达式"消息框"时遇到了编译器错误。
未声明"消息框"。它可能因其保护级别而不可访问。

图6-26 蓝色感叹号

（3）获取路径下所有付款申请文件时，需要用到表达式"Directory.Getfiles (String path,"预算内常规付款申请表 *.xlsx")"，此表达式运行结果应赋值给String[ ]类型的变量。

（4）使用【构建数据表】构建目标结构数据表时，表中会自带两行非标题行，其中"text……1"行的内容是没有用处的，需要删掉，否则这些内容将会被写入到网银系统中，造成数据错误。

（5）使用【遍历循环】时，其属性面板中"TypeArgument"默认的类型是Object，需要根据遍历集合中元素的数据类型来修改，本任务中需要修改为String类型。

（6）数组的表达式需要写入在大括号 {} 中，并赋值给 String[ ] 类型的变量。

在网银付款机器人开发过程中，循环是一个非常有用的活动，只需要开发出单个业务流程，然后循环单个业务流程的内容便可形成一个可以工作循环体。但有时因为业务的原因，在循环时变量会超出范围，又或者因为交互的系统崩溃而导致整个工作流程出现错误，【Try Catch 异常处理】能处理这种错误，或者跳过错误的事件，继续处理接下来的工作流程。在【Try Catch 异常处理】中，"Try"区域存放的是某个或者某些在运行时可能会出现错误的活动；"Catches"区域可存放的是在"Try"区域中的活动出现错误时需要运行的内容，在其中默认了 5 个处理错误的方式（见图 6-27），当然也可以通过"浏览类型…"来选择其他的方式错误处理的选项，当"Try"中抛出的错误与其中一个选项相对应时，则将工作流程引导到相应的错误处理分支。放在"Finally"区域中的活动一般用于处理最后事宜，且不管是否出现异常都会执行。

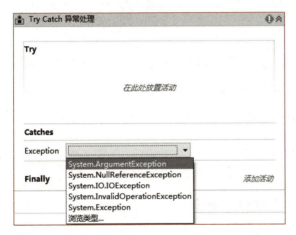

图 6-27　【Try Catch】属性介绍

① ArgumentException：指变量无效或者活动方法中某一个参数无效而引起的异常。

② NullReferenceException：指取消空对象引用时引起的异常。

③ IO. IOException：当 I/O 错误时引起的异常。

④ InvalidOperationException：指变量或者活动方法的调用对于当前对象无效时而引发的异常。

⑤ Exception：包含所有异常种类。

一般不清楚将会出现的异常是什么时，可直接用"Exception"来处理。由于"Exception"包含了所有异常的情况，如果不进行详细区分也容易导致处理不当，这时需要根据业务和工作经验来判断异常的具体原因及设置对应的处理流程。

任务练习

结合本任务所学网银付款机器人的开发过程，尝试换一种思路，能否通过读取一个付款申请单就完成一次付款信息的录入，进而循环读取多个付款申请单，完成多个付款申请单信息的录入呢？可以在原机器人的基础上尝试做修改，看能否完成这个任务。

任务七
销售到收款机器人开发与应用

销售，是指以出售、租赁或其他方式向第三方提供产品或服务的行为，包括为促进该行为进行的有关辅助活动。销售到收款流程是企业与客户之间的财务关联，包括客户管理、销售订单（合同）管理、销售发票、销售出库、收入确认、货款回收、客户对账等环节。

一、销售到收款流程概述

销售到收款流程涉及的环节，业务规则明确、自动化程度较高，适用引入财务机器人。RPA 在销售到收款流程的应用见图 7-1。

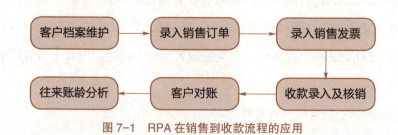

图 7-1　RPA 在销售到收款流程的应用

（一）客户档案维护

RPA 财务机器人将从各种渠道获取的客户信息录入客户管理系统，并自动发布变更通知给相关人员。RPA 财务机器人定期将客户信息提供给授信模块，用于客户信用的评估和控制。

（二）录入销售订单

通过 OCR 扫描销售合同并识别相关信息，RPA 财务机器人将相关信息录入 ERP 系统，对有变更需求的订单进行变更。

（三）录入销售发票

RPA 财务机器人对开票申请单、销售订单、销售出库单匹配校验，校验通过后，在 ERP 系统中录入销售发票，与销售出库单自动核销后生成应收凭证。

（四）收款录入及核销

RPA 财务机器人从银行获取数据，根据订单号码、客户名称等信息自动认领来款，录入 ERP 收款模块中。待人工确认无误后，自动进行收款核销并生成收款凭证。

（五）客户对账

人工设置好对账时间，RPA 财务机器人登录 ERP 系统的财务模块，查询客户信息并导出，自动向客户发送邮件，完成对账提醒。

（六）往来账龄分析

RPA 财务机器人登录 ERP 系统的财务模块，查询客户的余额表信息并导出文件，自动分析并划分账龄，自动发送邮件提醒相关人员。

二、销售到收款流程实战——往来账龄分析机器人开发与应用

为扩大销售，企业通常会将赊销作为重要手段之一，随之产生应收账款。如果应收账款不能及时收回，会增加资金的占用成本，给企业带来资金周转困难等一系列问题。因此，在销售到收款流程中，利用往来账龄分析等手段对应收账款进行管理是重要工作之一。下面通过一个案例来学习如何设计、开发一个往来账龄分析机器人以提高工作效率。

任务情境

为了解决账龄分析汇总数据量大、Excel 公式设置复杂等问题，小李找到 RPA 产品开发部门，跟产品经理赵工咨询关于往来账龄分析是否可以开发往来账龄分析机器人，对话如下：

赵工：先简单地描述一下你的工作流程，我需要初步判断一下往来账龄分析机器人实施的可行性和必要性。

小李：我从财务账套中导出往来款项明细账，然后将近 3 年的明细账汇总到一张工作底稿中，再根据一定的规则，判断各个账龄期间的金额。

赵工：那我有几个问题。

（1）不同的财务账套中导出往来款项明细账是否有固定的格式？账龄计算的规则是否明确？

（2）做往来款项账龄分析的频率有多高？完成一次账龄分析耗时是多少？

小李：往来款项明细账有固定的格式，分期初余额、本期增加额、本期减少额、期末余额，而且账龄分析规则固定。每一家公司都需要进行往来账龄分析，包括应收账款、预收账款，应付账款、预付账款，其他应收款和其他应付款。每一家公司账龄分析平均需要 2 个小时，但是如果进行了调账，那就要重新编制，这种情况比较常见，而且编制过程中公式复杂，很容易出错。

任务内容

（一）需求收集与流程分析

1. 需求收集

根据任务情境中对往来款项账龄分析的描述，该业务流程有以下两个痛点。

（1）每家公司都需要进行账龄分析，工作量比较大，且经常反复；

（2）数据量庞大，Excel 公式设置复杂，编写过程中容易出错。

2. 流程分析

人工流程和 RPA 流程分析对比见表 7-1。

表 7-1　人工流程和 RPA 流程分析对比

人工流程	RPA 流程
① 从账套中导出一家公司往来款项明细账	① 自动从账套中导出一家公司往来款项明细账，放入文件夹中
② 将历年（各期）明细账汇总为底稿	② 选择文件夹，将历年（各期）明细账汇总为底稿
③ 设置 Excel 公式，进行往来账龄分析	③ 将账龄分析规则拆解为往来账龄分析机器人流程步骤，使其容易理解，方便使用
④ 选择另一家公司，执行①②③的动作	④ 输出计算完成的结果到指定文件夹
	⑤ 选择另一家公司，执行①②③④的动作
	⑥ 弹出信息框：分析完成

表中应收账款账龄划分的计算如下：

（1）应收账款账龄期间的划分（见图 7-2）。

3 年以上账龄的金额＝3 年以上账龄的金额

2～3 年账龄的金额＝2 年以上账龄的金额－3 年以上账龄的金额

1～2 年账龄的金额＝1 年以上账龄的金额－2 年以上账龄的金额

0～1 年账龄的金额＝0 年以上账龄的金额（期末余额）－1 年以上账龄的金额

图 7-2　账龄期间的划分

（2）3 年以上账龄金额的计算。

假设前提：各期间收取的款项先冲减最早的应收账款。

① "2018 年期初余额＞0" 时，以后各期间的收款会减少应收账款。

当 2018 年期初余额－累计重新赋值贷方发生额－累计重新赋值借方发生额＞0，代表 2018 年之前的应收账款尚未全部收取，3 年以上账龄的金额＝2018 年期初余额－累计重新赋值贷方发生额－累计重新赋值借方发生额。否则，2018 年之前的应收账款已全部收取，3 年以上账龄的金额为 0。

②"2018 年期初余额 ≤ 0"时，实际为预收账款，以后发生的应收账款将会冲减预收账款。

当 2018 年期初余额 + 累计重新赋值借方发生额 + 累计重新赋值贷方发生额 < 0，代表 2018 年之前的预收账款尚未全部结算，3 年以上账龄的金额 = 2018 年期初余额 + 累计重新赋值借方发生额 + 累计重新赋值贷方发生额，即仍然为预收账款。否则，2018 年之前的预收账款已经全部结算，3 年以上账龄的金额为 0。

（3）借方发生额、贷方发生额的重分类。

当借方发生额 < 0 时，视同发生收款，应重分类为贷方发生额，此时借方发生额视为 0；同理，当贷方发生额 < 0 时，视同发生应收账款，应重分类为借方发生额，此时贷方发生额视为 0。

（4）2 年以上账龄、1 年以上账龄的计算同上。

业务流程总结如图 7-3 所示。

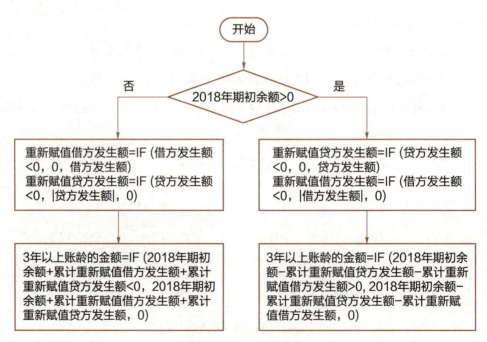

图 7-3　业务流程总结

（二）可行性分析

在需求收集和流程分析之后，要进行可行性分析，目的是尽可能地在开发之前找出并清除潜在的障碍，并加以调整。首先我们需要列出在分析过程中，需要考虑的问题和分析结果，见表 7-2。

表 7-2　可行性分析问题与分析结果

问题	分析结果
登录账套时是否存在验证码或者其他很难实现自动化的影响因素？	只需输入用户名和密码就能登录
账套导出数据的格式永远不变吗？	是的，所有往来款项都是三栏式明细账，格式固定
账龄分析规则会变化吗？	规则固定，基本不会变化

从上述的问题和分析结果可以看出，账龄分析是非常适合自动化的，首先登录账套只需要用户名和密码，没有其他特殊情况。其次导出的数据格式是三栏式明细账，格式固定、分析规则也是固定的。

（三）流程设计和开发步骤

1. 流程设计

结合流程分析、可行性分析的结果，从账套中导出往来明细账并将其汇总为工作底稿相对简便且不易出错，在这里以整理好的明细账底稿为基础，把账龄分析这一部分的开发流程进行细化，整体流程见图 7-4。

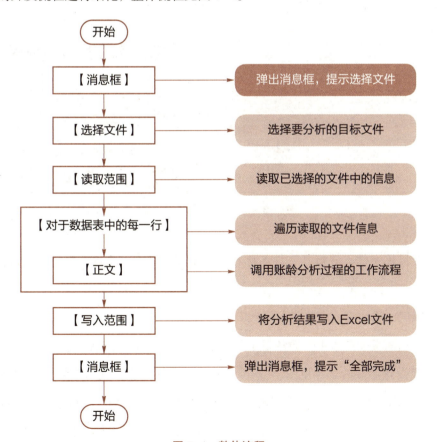

图 7-4　整体流程

账龄分析机器人

本任务所需的"往来账龄分析底稿"等信息，请扫描边白处二维码获取。

2. 开发步骤

下面将对每个部分涉及的开发步骤进行详细介绍。

步骤一，添加【消息框】。

在活动面板中搜索并添加【消息框】，设置"文本"处为"请选择待处理文件"（见图 7-5）。

图 7-5 【消息框】属性设置

弹出选择文件的消息框，提示操作人员选择要进行分析的目标文件。

步骤二，添加【选择文件】。

在活动面板中搜索【选择文件】添加至【消息框】下方，在其属性面板设置参数内容（见图 7-6），设置在"选择的文件"处创建 String 类型的变量"文件路径"。

图 7-6 【选择文件】属性设置

选择目标文件，并将其文件名称和路径赋值给变量"文件路径"，以便之后使用该文件。

步骤三，添加【读取范围】。

在活动面板中搜索工作簿条目下【读取范围】添加至【选择文件】下方，在其属性面板设置参数内容（见图 7-7），设置"工作簿路径"处为变量"文件路径"；"工作表名称"处为"应收账款账龄分析"；"范围"处为"A1"，"数据表"处创建变量"账龄数据"，其数据类型为"Data Table"，"添加标头"处为勾选。

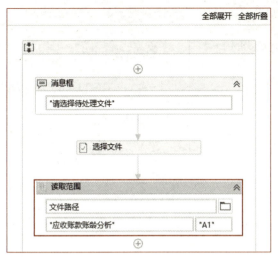

图 7-7　【读取范围】属性设置

根据设定的目标文件路径、工作表名称、读取的范围，将读取的文件内容储存到创建的变量"账龄数据"，以便之后使用该数据。

步骤四，添加【对于数据表中的每一行】。

在活动面板中搜索【对于数据表中的每一行】添加至【读取范围】下方，设置"输入"处为变量"账龄数据""遍历循环"处为"CurrentRow"（见图 7-8）。读取数据表中的每一行数据，交给"正文"中的工作流程去处理。

步骤五，在【对于数据表中的每一行】的"正文"中添加一系列活动（见图 7-9），对读取的每一行数据按照规则进行账龄分析，并返回分析结果。

添加【多重分配】并命名为"初始化年初、年末余额"，创建变量"QCn""QM""QC1""QC2""QC3"并设置数据类型均为"Double"，设置范围均为最大，其中"QCn"为前 n 期的期初余额，"QC3"为前 3 期的期初余额，"QC2"为前 2 期的期初余额，"QC1"为前 1 期的期初余额，"QM"为期末余额。例如在计算 2020 年年末账龄时，前 3 期为 2018 年，前 2 期为 2019 年，前 1 期为 2020 年，期末为 2020 年。

对各变量进行赋值，设置表达式如下（见图 7-10）：

QC3 = Convert.ToDouble(CurrentRow(1). ToString)

QC2 = Convert.ToDouble(CurrentRow(4). ToString)

QC1 = Convert.ToDouble(CurrentRow(7). ToString)

QM = Convert.ToDouble(CurrentRow(10). ToString)

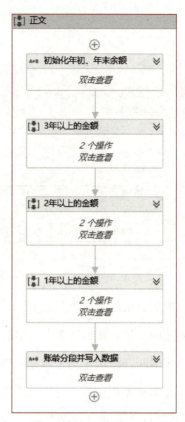

图 7-9　账龄分析

图 7-8　【对于数据表中的每一行】属性设置

图 7-10　【多重分配】属性设置

其中，"Convert.ToDouble()"表示将字符串类型转换为浮点数值类型；"CurrentRow(1)"
表示获取数据表 B 列的数值，同理 "CurrentRow(3)" 表示获取数据表 D 列的数值；
"CurrentRow(1). ToString"表示将获取数据表 B 列的数值转换为字符串类型。

① 计算 3 年以上账龄的金额。为了使流程更加便于阅读，可以在"正文"中添加【序列】至【多重分配】之后，并右键单击选择"重命名"（或按 F2 键），将该序列重命名为"账龄在 3 年以上"，将计算流程放入该序列当中（见图 7-11）。

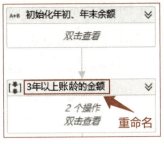

图 7-11 添加序列重新命名

添加【多重分配】并命名为"借方、贷方发生额"，创建变量"DFn""DF1""DF2""DF3""JFn""JF1""JF2""JF3"并设置数据类型均为"Double"，设置范围均为最大，"DFn"为前 n 期贷方发生额，"DF3"为前 3 期贷方发生额，"DF2"为前 2 期贷方发生额，"DF1"为前 1 期贷方发生额。"JFn"为前 n 期借方发生额，"JF3"为前 3 期借方发生额，"JF2"为前 2 期借方发生额，"JF1"为前 1 期借方发生额。例如，在计算 2020 年年末账龄时，前 3 期为 2018 年，前 2 期为 2019 年，前 1 期为 2020 年。

分别设置表达式并赋值给对应的变量，参考"期初余额"的变量设置方法（见图 7-12）。

添加【IF 条件】，设置"条件"处为"QC3<0"。

在"Then"框中添加【多重分配】并命名为"重新赋值借方、贷方发生额"，对借方发生额和贷方发生额重新赋值（见图 7-13）。

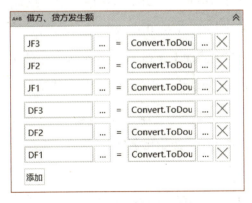

图 7-12 变量表达式赋值

图 7-13 【多重分配】属性设置

JF3 = Convert.ToDouble(If(JF3<0, 0.00, JF3))

JF2 = Convert.ToDouble(If(JF2<0, 0.00, JF2))

JF1 = Convert.ToDouble(If(JF1<0, 0.00, JF1))

DF3 = Convert.ToDouble(If(DF3<0, Math.Abs(DF3), 0.00))

DF2 = Convert.ToDouble(If(DF2<0, Math.Abs(DF2), 0.00))

DF1 = Convert.ToDouble(If(DF1<0, Math.Abs(DF1), 0.00))

添加【分配】并命名为"3 年以上账龄金额"，创建"Double"类型的变量"T3"，设置范围均为最大，代表账龄在 3 年以上的应收账款金额，将表达式"Convert.ToDouble(If(QC3 + JF3 + JF2 + JF1 + DF3 + DF2 + DF1<0, QC3 + JF3 + JF2 + JF1 + DF3 + DF2 + DF1, 0.00))"赋值给"T3"，（见图 7-14）。

图 7-14 设置分配变量

在"Else"框中添加【多重分配】（可复制"Then"框中的内容，但需调整"输入表达式"的表达式），对借方发生额和贷方发生额重新赋值。

DF3 = Convert.ToDouble(If(DF3<0, 0.00, DF3))

DF2 = Convert.ToDouble(If(DF2<0, 0.00, DF2))

DF1 = Convert.ToDouble(If(DF1<0, 0.00, DF1))

JF3 = Convert.ToDouble(If(JF3<0, Math.Abs(JF3), 0.00))

JF2 = Convert.ToDouble(If(JF2<0, Math.Abs(JF2), 0.00))

JF1 = Convert.ToDouble(If(JF1<0, Math.Abs(JF1), 0.00))

添加【分配】，将表达式"Convert.ToDouble(If(QC3 − (DF3 + DF2 + DF1 + JF3 + JF2 + JF1)>0, QC3 − (DF3 + DF2 + DF1 + JF3 + JF2 + JF1), 0.00))"赋值给"T3"。

② 计算 2 年以上账龄的金额。在"正文"中添加【序列】，重命名为"账龄在 2 年以上"，将计算流程放入该序列当中。在上个步骤中，根据相关条件重新赋值了借方发生额和贷方发生额，和原始数据表中的数值已经不同，为了后续计算，要将原始数据表中的数值重新赋值给借贷方发生额变量（初始化金额），参考"期初余额"的变量设置方法处理。

添加【IF 条件】，在"条件"中输入"QC2<0"。在"Then"框中添加【多重分配】，对借方发生额和贷方发生额重新赋值，和"计算 3 年以上账龄的金额"对应位置的设置相同。添加【分配】，创建"Double"类型的变量"T2"，设置范围均为最大，代表账龄在 2 年以上的应收账款金额，将表达式"Convert.ToDouble(If(QC2 + JF2 + JF1 + DF2 + DF1<0, QC2 + JF2 + JF1 + DF2 + DF1, 0.00))"赋值给"T2"。在"Else"

框中添加【多重分配】，对借方发生额和贷方发生额重新赋值，和"计算 3 年以上账龄的金额"对应位置的设置相同。添加【分配】，将表达式"Convert.ToDouble(If(QC2 − (DF2 + DF1 + JF2 + JF1)>0, QC2 − (DF2 + DF1 + JF2 + JF1), 0.00))"赋值给"T2"。

③ 计算 1 年以上账龄的金额。在"正文"中添加【序列】，重命名为"账龄在 1 年以上"，将计算流程放入该序列当中。初始化借方发生额和贷方发生额，参考"期初余额"的变量设置方法处理。添加【IF 条件】，在"条件"中输入"QC1<0"。在"Then"框中添加【多重分配】，对借方发生额和贷方发生额重新赋值，和"计算 3 年以上账龄的金额"对应位置的设置相同。

添加【分配】，创建"Double"类型的变量"T1"，设置范围均为最大，代表账龄在 1 年以上的应收账款金额，将表达式"Convert.ToDouble(If(QC1 + JF1 + DF1<0, QC1 + JF1 + DF1, 0.00))"赋值给"T1"。

在"Else"框中添加【多重分配】，对借方发生额和贷方发生额重新赋值，和"计算 3 年以上账龄的金额"对应位置的设置相同。

添加【分配】，将表达式"Convert.ToDouble(If(QC1 − (DF1 + JF1)>0, QC1 − (DF1 + JF1), 0.00))"赋值给"T1"。

账龄分段并写入数据表。添加【多重分配】至"账龄在 1 年以上"下方，在左侧输入写入位置，右边输入表达式（见图 7-15）。

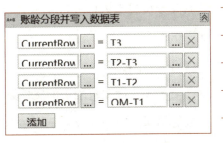

图 7-15　【多重分配】属性设置

3 年以上账龄的金额：CurrentRow(14) = T3

2 年~3 年账龄的金额：CurrentRow(13) = T2 − T3

1 年~2 年账龄的金额：CurrentRow(12) = T1 − T2

1 年以上账龄的金额：CurrentRow(11) = QM − T1

将数据表中各列的值赋值给一个变量，方便计算和引用。按照账龄计算规则计算各期间账龄，并填入数据表中对应的列。

步骤六，添加【写入范围】。在活动面板中搜索工作簿条目下【写入范围】，添加至【对于数据表中的每一行】下方，在其属性面板设置参数内容（见图 7-16），设置"工作簿路径"处为变量"文件路径"；"工作表名称"处为"账龄分析结果"；

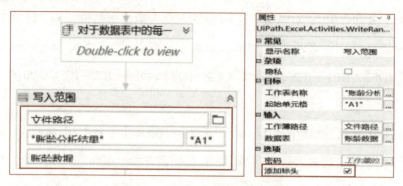

图 7-16 【写入范围】属性设置

"起始单元格"处为 "A1"；"数据表"处为变量 "账龄数据"；"添加标头"处为勾选。

将上一步骤处理完成的数据表 "账龄数据" 写入到原来的账龄分析底稿文件中，原来的工作簿名称和路径为 "文件路径"，在该工作簿中创建新的工作表 "账龄分析结果"，从 "A1" 开始写入，并添加数据表标头。

步骤七，添加【消息框】，设置 "文本" 处为 "全部输入完成"（见图 7-17）。提示往来账龄分析机器人已完成录入，可以进行其他操作了。

图 7-17 【消息框】属性设置

（四）相关知识

（1）在【读取范围】的属性设置中，是否勾选 "添加标头" 将直接影响数据表取数的结果。因为应收账款账龄分析底稿中有表头，而且读取位置从 "A1" 开始，所以应当勾选 "添加标头"。如果读取位置从 "A2" 开始，则无须勾选 "添加标头"。

（2）将期初余额、借方发生额、贷方发生额等赋值给变量时，需要用到公式 Convert.ToDouble(CurrentRow( ). ToString( ))，确保 "CurrentRow( )" 中的索引号正确，才能取到正确的数值。

（3）在【IF 条件】中可以再次使用 "IF 表达式"，请注意为 "IIF("条件"，"条件成立的值"，"条件不成立的值")"。

（4）在【写入范围】中，可以在指定的路径创建一个新的工作簿，而不是必须写入原有工作簿。例如在工作簿路径中输入 "C:\Users\Administrator\Desktop\ 应收账款账龄分析结果.xlsx"，即在桌面创建新的工作簿。

任务练习

上述往来账龄分析机器人处理的文件是已经将多个年度的应收账款合并后的汇总文件，那么当仅有多个年度的应收账款文件时该如何构建汇总文件呢？可以结合前几个任务的相关知识，尝试是否能完成这个任务？

任务八 总账到报表机器人开发与应用

总账到报表流程，是指完成各业务系统、总账的标准化凭证处理后，核对各业务模块的明细数据与总账数据、结账并生成财务报表的过程，主要包括关账、标准分录的处理、对账、出具财务报表、基础数据维护等环节。

一、总账到报表流程概述

总账到报表流程环节，业务规则明确、自动化程度较高，适用引入财务机器人。RPA 在总账到报表流程的应用见图 8-1。

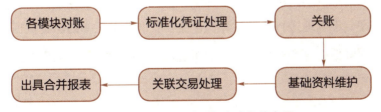

图 8-1　RPA 在总账到报表流程的应用

（一）各模块对账

RPA 财务机器人获取各模块与总账系统的对账工作，如应收系统与总账系统、应付系统与总账系统、供应链系统与总账系统等，并反馈异常信息给负责人。

（二）标准化凭证处理

RPA 财务机器人周期性地对账务分录进行记录和结转，比如费用摊销、折旧计提、损益结转等。

（三）关账

RPA 财务机器人自动进行关账前的准备工作，如现金盘点、银行对账、应收款项对账、应付款项对账、存货暂估等。若发现异常，发送预警报告并由人工处理；若对账无误，则自动进行关账处理。

（四）基础资料维护

RPA 财务机器人定期收集信息，对总账中的各项基础资料进行维护。例如获取最新的外币汇率并自动进行汇率的维护。

（五）关联交易处理

RPA 财务机器人自动处理集团内各子公司的关联交易信息。

（六）出具合并报表

RPA 财务机器人自动完成系统报表的导出及处理，各子公司报表的催收、汇总等工作。根据抵销规则生成合并抵销分录，根据汇率数据和当月境外子公司的报表进行处理和计算。最后，RPA 财务机器人根据生成的数据，形成当月的合并报表。

二、总账到报表流程实战——汇率维护机器人开发与应用

随着经济的发展及企业进出口贸易的增加，外币业务已成为企业日常工作的重要组成部分，外汇管理更是成了企业健康发展的一个重要因素。财务人员需要及时获取最新汇率，准确地进行会计核算，也需要获取外币汇率的历史数据，分析其变化趋势，从而降低企业的经营风险。下面通过一个案例来学习汇率维护机器人是如何被应用到汇率管理中的。

任务情境

由于汇率维护工作的失误，小张这个月又被扣了 500 元工资。赵工约小张到办公室里，了解并分析了汇率维护工作的流程、业务逻辑、工作痛点（见图 8-2），并对汇率维护机器人开发的可行性做了初步的判断。

所属行业： 航空-东方航空
所属部门： 财务处
业务频率： 20个币种，每个月1次
人工处理时长： 人工16小时/次

该流程目前跨两个部门，虽全职人力工时较少，但时效性要求高，且对后续流程有较大影响，自动化后可提高流程效率及流畅度。每个月会有专人花费两天的时间处理该流程，耗费人力较高。

获取外部　　整理到　　发送Excel　　登录　　　汇率数据　　结果邮件
汇率信息　　Excel表格　表格至经理　ORACLE系统　录入　　　通知

图 8-2　汇率维护流程

（一）需求收集与流程分析

1. 需求收集

根据任务情境中需求人员对汇率维护这个任务场景的描述，可以总结该业务流程有以下三个痛点。

（1）数据时效性要求较高，待处理数据多；

（2）人工操作会出现数据不准确、易错等现象；

（3）这种低附加值的工作，会使员工成长较慢，员工离职率高。

2. 流程分析

人工流程与 RPA 流程对比分析见表 8-1。

表 8-1　人工流程与 RPA 流程对比分析

人工流程	RPA 流程
① 登录中国银行官网	① 自动打开浏览器，登录中国银行官网
② 进入中国银行外汇牌价模块	② 自动进入中国银行外汇牌价模块
③ 选择起始时间的年、月、日和结束时间的年、月、日	③ 自动输入起始时间和结束时间
④ 打开汇率维护申请表	④ 自动打开汇率维护申请表，也可以不打开，由后台操作
⑤ 选择外汇货币名称	⑤ 自动选择外汇货币名称
⑥ 获取第一个货币中国银行折算价，通过公式计算汇率	⑥ 判断某个货币名称是否有中国银行折算价 ⑦ "是"：计算汇率，并将其写回汇率维护申请表 ⑧ "否"，将没有的提示写回汇率维护申请表
⑦ 重复⑤⑥的动作	⑨ 自动重复⑥⑦⑧的动作
	⑩ 弹出信息框：输入完成

（二）可行性分析

在需求收集的过程中要对可能出现的问题进行整理，找到解决问题的方法。可行性分析如表 8-2 所示。

表 8-2　可行性分析

问题	分析结果
登录过程中是否存在验证码或者其他很难实现自动化的影响因素？	不存在，直接登录中国银行官网即可
汇率维护机器人可以登录中国银行手机 APP 吗？	不可以，汇率维护机器人不能操作手机 APP，需要网页版的
中国银行官网升级问题需要考虑吗？	需要，需要关注第三方系统更新问题
汇率维护机器人在获取不同币种的汇率时，需要翻页吗？	不需要翻页
汇率维护机器人可以做一些计算的工作吗？	可以
货币名称可以是简称吗？	不可以，需要与中国银行外汇牌价中货币名称一致
当存在两个选项页会影响到机器人的工作吗？	会影响，需要用到编辑选取器精准定位

汇率维护机器人

（三）流程设计与开发步骤

结合流程分析、可行性分析的结果，该机器人的流程设计和开发可由"处理汇率维护申请表和获取有效年月""获取并计算相应的汇率""写回汇率数据和日期"这三个部分构成。

本任务所需的"汇率维护申请表"等信息，请扫描边白处二维码获取。

下面将对每个部分涉及的开发步骤进行详细介绍。

1. 处理汇率维护申请表和获取有效年月

处理汇率维护申请表和获取有效年月是流程设计和开发的第一个部分，共分为 5 个步骤（见图 8-3）。

步骤一，添加【选择文件】。在活动面板中搜索并添加【选择文件】，在其属性面板设置参数内容（见图 8-4），设置在"选择的文件"处创建 String 类型的变量"选择文件"。用户界面会出现一个提示框，由人工选择待处理的"需汇率维护列表"文件。由人工操作的流程部分需要放在流程设计的前面，其他自动化的部分可以交给汇率维护机器人。

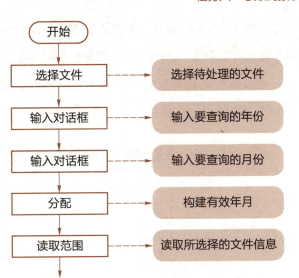

图 8-3　处理汇率维护申请表和获取有效年月

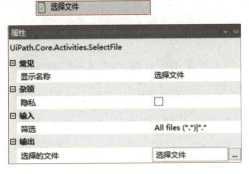

图 8-4　【选择文件】属性设置

步骤二，添加【输入对话框】。在活动面板中搜索【输入对话框】，添加至【选择文件】的下方，在其属性面板设置参数内容（见图 8-5），设置"标签"处为"请输入年份"；"结果"处创建 String 类型的变量"年份"。

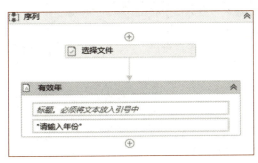

图 8-5　【输入对话框】属性设置

通过用户界面输入的方式告诉汇率维护机器人抓取汇率的年份。

步骤三，添加【输入对话框】。在活动面板中搜索【输入对话框】，添加至【输入对话框】的下方，在其属性面板设置参数内容（见图 8-6），设置"标签"处为"请输入月份"，"结果"处创建 String 类型变量"月份"。

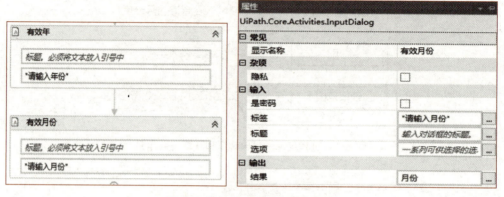

图 8-6 【输入对话框】属性设置

通过用户界面输入的方式告诉汇率维护机器人抓取汇率的月份。

步骤四，添加【分配】。在活动面板中搜索【分配】，添加至【输入对话框】的下方，在其属性面板设置参数内容（见图 8-7），设置"值"处为"年份＋"–"＋月份＋"-01""；在"受让人"处创建 String 类型变量"有效年月"。

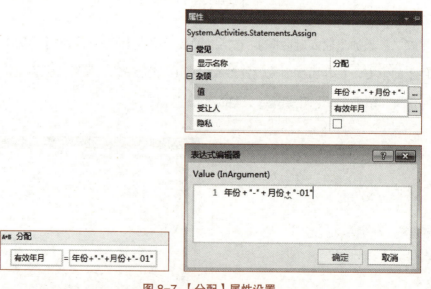

图 8-7 【分配】属性设置

 温馨提示

用＋号进行内容合并的文本需要在英文状态双引号中输入，并且不要遗漏"年－月－日"中间的"－"。将获得的年份和月份合并到一起，形成目标结构的有效年月。例如输入的年份是 2020，月份是 06，那么该活动最终执行结果是 2020-06-01。

步骤五，添加【读取范围】。在活动面板中搜索工作簿条目下的【读取范围】，添加至【分配】下方，在其属性面板设置参数内容（见图 8-8），设置"工作簿路径"处为变量"选择文件"，"范围"处为空，"数据表"处创建变量"data"，此变量类型为 DataTable。将步骤一，选择文件"需汇率维护列表"所有内容全部读取并存储到变量中。

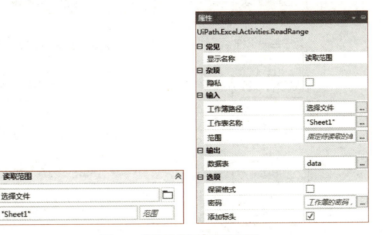

图 8-8　【读取范围】属性设置

2. 获取并计算相应的汇率

获取并计算相应的汇率是流程设计和开发的第二个部分，共分为 15 个步骤（见图 8-9）。

步骤六，添加【打开浏览器】。活动面板中搜索【打开浏览器】，添加至【读取范围】下方，在其属性面板设置参数内容（见图 8-10），设置"URL"处为"https://www.boc.cn/"；"浏览器类型"处为"Chrome"。

活动面板中搜索【最大化窗口】，添加至【打开浏览器】的"Do"中（见图 8-11），使指定的窗口最大化。

151

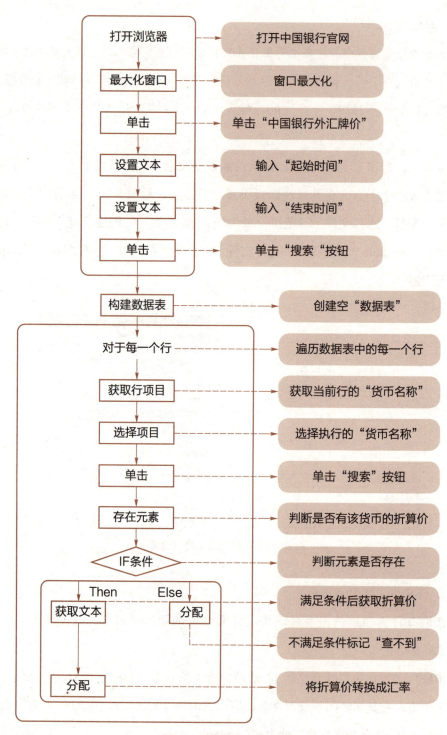

图 8-9　获取汇率流程图

图 8-10　【打开浏览器】属性设置

图 8-11　【最大化窗口】属性设置

步骤七，添加【单击】。活动面板中搜索【单击】，添加至【最大化窗口】下方，通过"指出浏览器中的元素"单击"中国银行外汇牌价"按钮（见图 8-12）。

图 8-12　【单击】属性设置

步骤八，添加【设置文本】。活动面板中搜索【设置文本】，添加至【单击】下方，通过"指出浏览器中的元素"，单击"起始时间"的选择框，"文本"处输入变量"有效年月"。

活动面板中搜索【设置文本】，添加至【设置文本】下方，通过"指出浏览器中的元素"，单击"结束时间"的选择框，"文本"框处输入变量"有效年月"（图 8-13）。

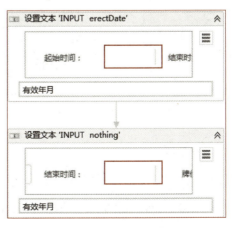

图 8-13　【设置文本】属性设置

153

注意：此处有一个技能点需要掌握，当浏览器页面存在两个选项卡页面的情况时，通过"指出浏览器中的元素"所选择的元素是基于第一个选项卡页面获得的，但实际该元素应在第二个选项卡页面获得，从而使汇率维护机器人不能准确定位到目标元素，可以利用"编辑选取器"（见图8-14）功能对目标元素进行编辑以提高获取的准确性。

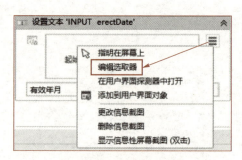

图8-14　编辑选取器

分别打开上述两个【设置文本】的"编辑选取器"。

当"选取器编辑器"页面中"验证"图标呈现红色的时候，即验证不通过，未能获取到目标。可以单击该页面下方的"在用户界面探测器中打开"按钮（见图8-15）。

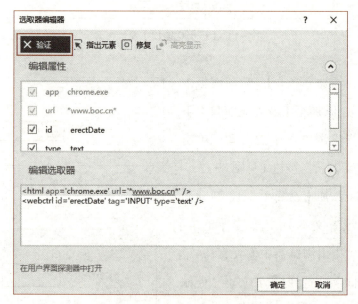

图8-15　在用户界面探测器中打开

通过用户界面探测器中"指出元素"（见图8-16），再次指出目标元素，重新选取元素后，单击保存按钮。

当再次指出元素后，选取器编辑器"验证"图标呈现绿色（见图8-17），即验证通过，已获取到目标元素。

图 8-16　指出元素

图 8-17　验证通过

步骤九，添加【单击】。活动面板中搜索【单击】，添加至【设置文本】下方，通过"指出浏览器中的元素"，单击页面中的"搜索"图标（见图 8-18）。

图 8-18　【单击】属性设置

同步骤八，需要运用"编辑选取器"再次指出目标元素。

步骤十，添加【构建数据表】。活动面板中搜索【构建数据表】，添加至【单击】下方，单击活动中的"数据表"按钮，构建所需要的数据表标题：汇率（空行只留一行，多余的请删除），类型为"String"，属性面板"数据表"处创建变量"数据表"（见图 8-19）。

图 8-19 【构建数据表】属性设置

步骤十一，添加【对于每一个行】。活动面板中搜索【对于每一个行】，添加至【构建数据表】下方，用来循环读取表格的行信息，在"输入"处输入变量"Data"（见图 8-20）。

图 8-20 【对于每一个行】属性设置

循环读取"需汇率维护列表"中每一行货币的名称。

步骤十二，添加【获取行项目】。在活动面板中搜索【获取行项目】，添加至【对于每一个行】的"正文"中，在其属性面板设置参数内容（见图 8-21），设置"列名称"处为本任务"需维护汇率列表"标题"货币名称"，在"行"处写入变量"row"；在"值"处创建 String 类型的变量"获取行数据"。

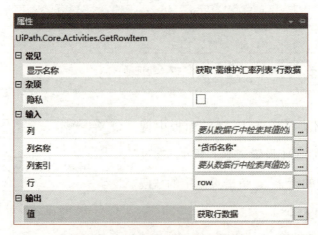

图 8-21 【获取行项目】属性设置

获取"需维护汇率列表"中"货币名称"列的内容，例如美元、英镑等。

步骤十三，添加【选择项目】。在活动面板中搜索【选择项目】，添加至【获取行项目】下方，通过"指出浏览器中的元素"，单击中国银行外汇牌价页面中"选择货币"选项框（见图8-22），"输入栏"处写入变量"获取行数据"（见图8-23）。

图 8-22　【选择货币】属性设置

图 8-23　【选择货币】属性设置

同步骤八，需要运用"编辑选取器"再次指出目标元素。将获取的美元、英镑等货币名称从"选择货币"框中选择出来。

步骤十四，添加【单击】。在活动面板中搜索【单击】，添加至【选择项目】下方，通过"指出浏览器中的元素"，单击"搜索"图标按钮（见图8-24）。

图 8-24　【单击】属性设置

同步骤八，需要运用"编辑选取器"再次指出目标元素。

步骤十五，添加【存在元素】。在活动面板中搜索【存在元素】，添加至【选择项目】下方，通过"指出浏览器中的元素"，单击"汇率表格"，在其属性面板设置参数内容（见图8-25），在"存在"处创建变量"existRate"，此变量类型为Boolean。

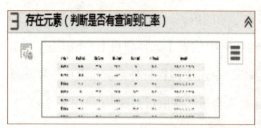

图 8-25　【存在元素】属性设置

单击"目标"，在其子属性中"超时（毫秒）"处输入数字，来指定该活动的等待时间。

同步骤八，需要运用"编辑选取器"再次指出目标元素。

验证在用户界面是否存在目标元素，其只有两种结果"Ture"或"False"。

步骤十六，添加【IF 条件】。在活动面板中搜索【IF 条件】添加至【分配】下方，设置"Condition"为"existRate"（见图 8-26）。

图 8-26　【IF 条件】属性设置

通过【存在元素】是否获取到汇率表格，来判断流程走向。

步骤十七，添加【获取文本】。在活动面板中搜索【获取文本】，添加至"Then"框中，通过"指出浏览器中的元素"单击第一行中行折算价的数值，在其属性面板设置参数内容（见图 8-27），在"值"处创建变量"中行折算价"，此变量类型为String。

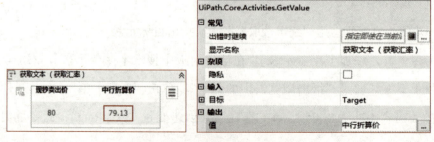

图 8-27　【获取文本】属性设置

同步骤八，需要运用"编辑选取器"再次指出目标元素。

获取指定货币对应的"中行折算价"数据。

步骤十八，添加【分配】。在活动面板中搜索【分配】，添加至【获取文本】下方，在其"输入 VB 表达式"处（见图 8-28），输入"math.round(Double.Parse(中行折算价)/100,4).ToString"；在"To"处创建变量"汇率"。公式解释如图 8-29所示。

图 8-28 【分配】属性设置

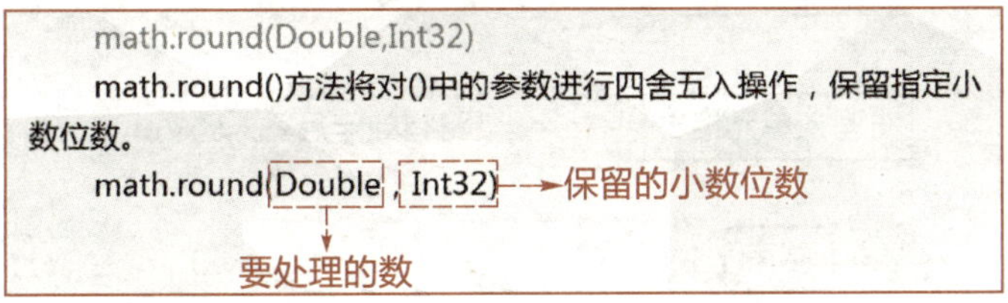

图 8-29　公式解释

温馨提示

Double.Parse 是将字符串转换为 Double 数据类型的方法。

步骤十九，添加【分配】。在活动面板中搜索【分配】，添加至"Else"框中，在其"输入 VB 表达式"处（见图 8-30）输入 "找不到!"，在"To"处输入变量"汇率"。

图 8-30　输入 VB 表达式

步骤二十，添加【添加数据行】。在活动面板中搜索【添加数据行】，添加至【IF条件】下方，在其属性面板设置参数内容（见图8-31），设置"数据表"处为变量"数据表"；"数组行"处为变量"{汇率}"。{汇率}中{}代表的是数组，用来将获取不同货币的汇率内容写入到变量"数据表"中。

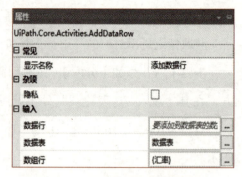

图 8-31 【添加数据行】属性设置

3. 写回汇率数据和日期

写回汇率数据和日期是流程设计和开发的第三个部分，共分为两个步骤（见图 8-32）。

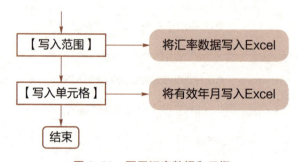

图 8-32 写回汇率数据和日期

步骤二十一，添加【写入范围】。在活动面板中搜索工作簿条目下的【写入范围】，添加至【添加数据行】下方，在其属性面板设置参数内容（见图8-33），设

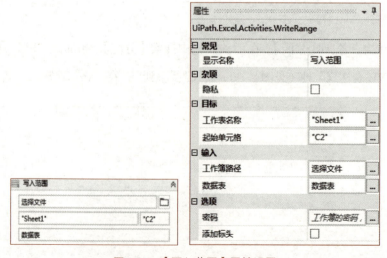

图 8-33 【写入范围】属性设置

置"起始单元格"处为 "C2"；"工作簿路径"处为变量"选择文件"；"数据表"处
为变量"数据表"。表示从"C2"单元格开始写入数据表。

步骤二十二，添加【Excel 应用程序范围】【写入单元格】。在活动面板中搜
索【Excel 应用程序范围】，添加至【写入范围】下方，设置"工作簿路径"处为
变量"选择文件"；添加 Excel 条目下的【写入单元格】至【Excel 应用程序范围】
的"执行"中，在其属性面板设置参数内容（见图 8-34），设置"范围"处为表达
式 "A2:A" + (data.Rows.Count + 1). ToString"；"值"处为变量"有效年月"。表示将
"有效年月"写入到 Excel 表格对应的单元格。

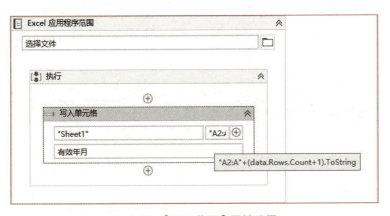

图 8-34 【写入范围】属性设置

（四）相关知识

【写入单元格】和【写入范围】区别见表 8-3。

表 8-3 【写入单元格】和【写入范围】区别

活动名称	区别
【写入单元格】	单元格：填写的数据可以为"A1"或者"B2:C3"，带冒号表示的是单元格范围。 文本：只能是字符串内容，如果 Range 里面填写的是范围，表示所有选中的单元格都赋值为字符串的内容（值相同）
【写入范围】	起始单元格：填写的数据可以为"A1"或者带冒号"A1:B3"，不带冒号的表示：从 A1 开始填写数据，根据 Value 中的 DataTable 的行列数据进行填写；带冒号的表示从此单元格开始填写数据，根据 Value 中的 DataTable 的行列数据进行填写。 数据表：是 DataTable 数据类型，不管 DataTable 中的行列大于还是小于起始单元格中定义的范围，都全部写入到 Excel 表格中

由此可知该机器人的流程设计属于有人值守机器人，也就是需要有一定的人工干预，比如输入有效年月、选择需维护汇率列表等环节，如果想设计无人值守机器人也是可行的，在该机器人无法继续做一个工作时通过异常的方式操作，也需要通过中央控制中心进行调度、管理、监控。为实现同一目的设计的机器人，流程的设计思路和使用活动的顺序有可能不尽相同，但是不影响最终运行的结果，因此同一机器人的流程设计并不是唯一的。

针对该机器人在开发的过程中需要注意以下事项。

（1）本任务从中国银行官网页面进入中国银行外汇牌价页面后，存在两个选项卡页面的标题，见图8-35，会导致有一些活动本应该要定位的是第二个选项卡页面中的元素，但是汇率维护机器人却在第一个选项卡页面中寻找目标元素，所以会导致该机器人运行失败，遇到这种情况就需要用"编辑选取器"功能来进行修复。

图8-35 汇率网址

（2）本任务中，通过【选择项目】单击"选择货币"选项框后UiPath会自动生成当前框中显示的项目内容"选择货币"（见图8-36），应将其属性面板"项目"处设置为变量"获取行数据"。

图8-36 选择项目

（3）需要维护的"货币名称"对应的"中行折算价"并不一定存在，在使用【存在元素】时，没有获取目标元素，会导致长时间等待，机器人会以为程序指令错误，可以用【Try Catch异常处理】解决这样的问题，或者跳过错误的事件，继续处理接下来的工作流程，或者在【存在元素】属性中"超时（毫秒）"处设定为1 000（见图8-37），在该机器人执行此活动时无论是否获取到相关元素，超时1秒

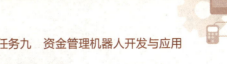

图 8-37 【存在元素】属性设置

后都会输出结果。

任务练习

汇率维护机器人可以将汇率维护申请表进行实时维护，尝试能否将维护后的汇率申请表再实时发送给上级主管的邮件进行报备呢？可以结合任务四中关于发送邮件的介绍内容，尝试完成这个练习。

任务九

资金管理机器人开发与应用

资金管理是指企业对资金来源和资金使用进行计划、控制、监督、考核等工作的总称，是财务管理的重要组成部分。资金管理业务包括银行账户的开立与信息维护，资金支付管理、资金收取管理、盈余资金管理、融资管理、银企对账业务等。

一、资金管理流程概述

资金管理流程各环节，业务规则明确、自动化程度较高，适用引入财务机器人。RPA 在资金管理流程的应用见图 9-1。

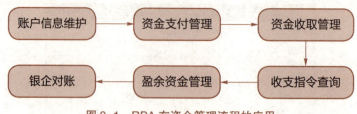

图 9-1　RPA 在资金管理流程的应用

（一）账户信息维护

RPA 财务机器人定期收集并计算每个账户的收支信息、手续费等，自动反馈给资金管理人员。

（二）资金支付、收取管理

RPA 财务机器人从各银行账户中获取并汇总资金支付、收取记录，与资金收支计划对比分析，自动反馈给资金管理人员。

（三）收支指令查询

收到或支付资金后，RPA 财务机器人自动登录银行并获取查询结果，邮件反馈给相关的人员。

（四）盈余资金管理

RPA 财务机器人从各银行的网站获取并汇总最新理财信息，自动反馈给资金管理人员以供决策。

（五）银企对账

RPA 财务机器人取得各个银行账户的流水记录、银行日记账数据，并进行银行账与财务账的核对，自动出具银行余额调节表。

二、资金管理流程实战——银企对账机器人开发与应用

银企对账即通过寻找银行账户交易流水与企业记账流水之间的"平衡"，发现各类未达账项的情况。通过银企对账，可以增强企业会计核算的准确性，及时发现和防范金融风险的发生，确保资金安全使用，提高资金营运效益。但是，传统的银企对账需要按银行、按账户逐个进行手工对账。而每个企业往往存在多个银行账户，每个账户都要重复多个步骤，导致效率低下，且存在一定的疏漏风险。随着企业业务规模的不断增加、交易数据量的不断攀升，企业银行账户和账单的管理也日

益复杂，需要投入的人力物力越来越多。下面通过一个案例来学习如何设计、开发一个银企对账机器人提高工作效率。

任务情境

对于财务部银企对账工作平时容易出现的问题，经过部门会议的讨论认为此工作工作量大，且是有固定规则的，通过相互匹配数据，将未匹配上的数据填到银行余额调节表当中，应该是可以用 RPA 财务机器人来处理的。部门经理决定让小李去找 RPA 产品研发部门沟通。

第二天，小李赶紧到研发部门跟产品经理赵工咨询关于银企对账与编制银行余额调节表是否可以开发 RPA 财务机器人，对话如下：

赵工：先简单地描述一下你的工作流程，我需要初步判断一下 RPA 财务机器人实施的可行性和必要性。

小李：从财务软件中导出银行存款日记账，再从企业网上银行系统导出对应银行对账单，银行存款日记账与银行对账单相互核对后，将未匹配的金额标上颜色。最后打开银行存款余额调节表，填入期初余额、未达账项调整金额、期末金额等。

赵工：那我有几个问题。

（1）银行存款日记账、银行对账单、银行存款余额调节表是否有固定的格式？

（2）期末对账与编制银行存款余额调节表的频率有多高？每次耗时多少？

小李：银行存款日记账、银行对账单、银行存款余额调节表都有固定的格式。每月末都要进行期末对账与编制银行存款余额调节表，每个银行账户需要的时间根据交易量大小确定，按照以往的经验，平均每月需要花费 3 天才能完成。

（一）需求收集与流程分析

1. 需求收集

该业务流程的主要痛点有以下四个。

（1）下载数据文件，统一格式需要大量时间。银企对账需要按银行、按账户逐个进行，一个单位存在多个银行账户，需要人工分别下载各个银行或第三方支付平台流水单、对账单后整理成统一格式再进行对账，过程十分烦琐，需要占用大量专业人员和时间。

（2）业务时效性要求较高。按银行、账户逐个对账，需要大量手工作业，往往会造成对账不及时、对账单回收困难等问题。

（3）数据处理庞杂且精度要求高，容易出错。由于银行账号数量众多，对账条目繁杂，逐条比对耗费财务人员大量时间和精力，且易出差错。

（4）工作附加值低，造成员工职业成长缓慢、离职率高。

2. 流程分析

银企对账的人工流程与 RPA 流程对比见表 9-1。

表 9-1　流 程 对 比

人工流程	RPA 流程
① 登录网银平台	① 打开浏览器，自动登录网银平台
② 下载银行对账单	② 自动下载银行对账单
③ 登录财务共享中心（或 ERP 系统）	③ 自动登录财务共享中心（或 ERP 系统）
④ 下载银行存款日记账	④ 自动下载银行存款日记账
⑤ 手工根据工作经验对账	⑤ 自动对账
⑥ 手工生成银行存款余额调节表	⑥ 自动生成银行存款余额调节表
⑦ 重复上述步骤直至所有账户对账完毕	⑦ 自动重复上述步骤直至所有账户循环完毕

通过登录平台下载数据资料在之前任务中都有介绍和实践，故本任务重点解决如何对账及编制银行存款余额调节表。

（二）可行性分析

在需求收集和流程分析之后，要进行可行性分析，目的是尽可能地在开发之前找出并清除潜在的障碍。根据上述流程，可行性分析见表 9-2。

表 9-2　可行性分析

问题	分析结果
通过银企对账机器人如何对账？	通过【联接数据表】实现
未达账项如何自动分出四类	通过【筛选数据表】实现

（三）流程设计和开发

结合流程分析、可行性分析的结果，银企对账机器人的流程设计和开发可由"读取银行对账单和企业银行存款日记账数据""编制银行存款余额调节表"这两个部分构成。

下面将对每个部分涉及的开发步骤进行详细介绍。

本任务所需的"银行对账单""银行存款日记账"等信息，请扫描边白处二维码获取。

银企对账机器人

1. 读取银行对账单和企业银行存款日记账数据

读取银行对账单和企业银行存款日记账数据是流程设计和开发的第一个部分，共分为 11 个步骤（见图 9-2）。

图 9-2　读取银行对账单和企业银行存款日记账数据

第一部分的操作思路及实现方法如下。

首先读取银行存款日记账和银行对账单中的数据，输出到相应的数据表。因为

167

在这两个表中"期初余额"这一行数据是不需要对账的，因此可通过【筛选数据表】删除这一行数据。

对账的核心工作通过【联接数据表】实现。可根据联接规则"两个表共有的值"合并两个表中的行。联接规则（见图9-3）：用银行对账单的"借方"与银行存款日记账的"贷方金额"进行匹配，用银行对账单的"贷方"与银行存款日记账的"借方金额"进行匹配。符合规则的，在输出数据表中合并。不符合规则的，将null值插入两张表中未达成匹配的行。筛选数据表见表9-4。

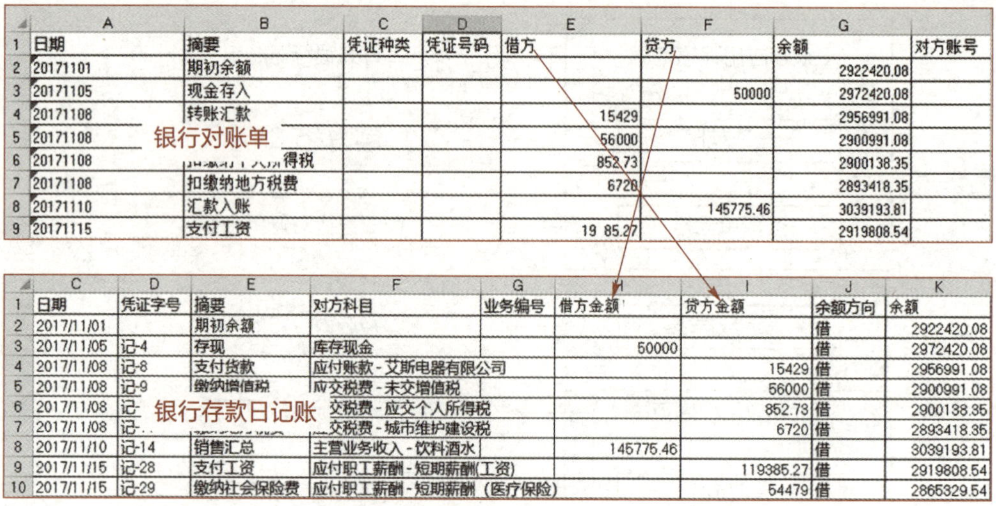

图9-3　联接规则

图9-4　筛选数据表

可用【筛选数据表】活动把对账成功的记录删除，只留下未达账项。

步骤一，在活动面板中搜索添加【Excel 应用程序范围】，在其属性面板设置参数内容（见图 9-5），设置"工作簿路径"处为 "银行对账单.xlsx" 文档在计算机中的完整路径，其他属性为默认设置。

此步骤用于打开"银行对账单.xlsx"工作簿，为其他 Excel 活动提供了应用程序基础。

步骤二，在活动面板中搜索 Excel 条目下的【读取范围】，添加至【Excel 应用程序范围】的"执行"中，在其属性面板设置参数内容（见图 9-6），设置"工作表名称"处为 "Sheet1"；"范围"为空，"数据表"处创建 DataTable 类型的变量"银行对账单数据"；"添加标头"处为勾选。

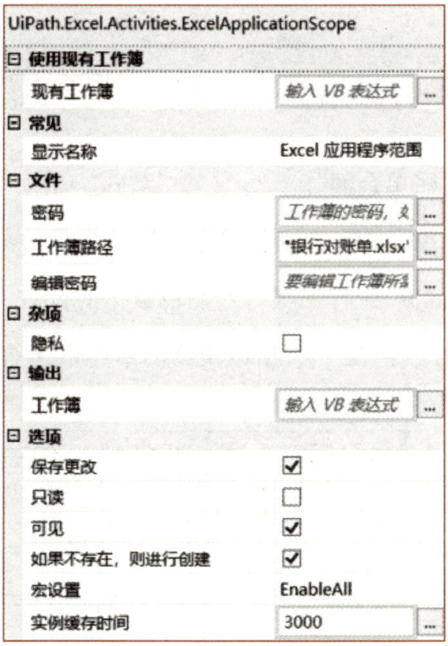

图 9-5 【Excel 应用程序范围】属性设置 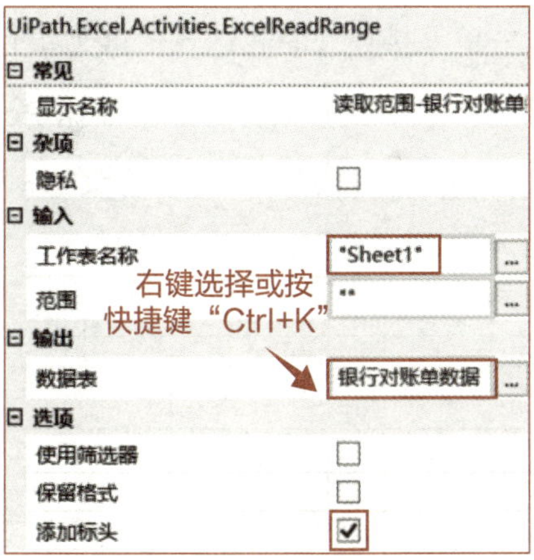　　图 9-6 【读取范围】属性设置

此步骤用于将"银行对账单.xlsx"工作簿"Sheet1"工作表中的数据读取出来并存储到变量"银行对账单数据"。

步骤三，在活动面板中搜索 Excel 条目下的【读取单元格】，添加至【读取范围】下方，在其属性面板设置内容参数（见图 9-7），设置"单元格"处为表达式 "G"+（银行对账单数据.Rows.Count＋1).ToString；"工作表名称"处为 "Sheet1"；在

169

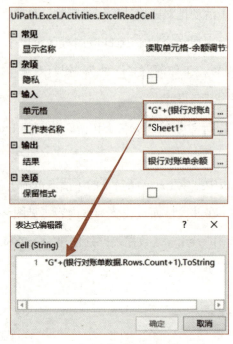

图 9-7 【读取单元格】属性设置

"结果"处创建 Double 类型的变量"银行对账单余额"。

　　"单元格"处的表达式依据为银行对账单余额，取银行对账单最后一行的数据（见图 9-8），用"银行对账单数据.Rows.Count"统计出银行对账单数据的行数，再加上标头行，得到总行数。如本任务中总行数为 22 行，所以余额的单元格为 G22，

	A	B	C	D	E	F	G	H
1	日期	摘要	凭证种类	凭证号码	借方	贷方	余额	对方账号
2	20171101	期初余额					2922420.08	
3	20171105	现金存入				50000	2972420.08	
4	20171108	转账汇款			15429		2956991.08	
5	20171108	扣缴纳增值税			56000		2900991.08	
6	20171108	扣缴纳个人所得税			852.73		2900138.35	
7	20171108	扣缴纳地方税费			6720		2893418.35	
8	20171110	汇款入账				145775.46	3039193.81	
9	20171115	支付工资			119385.27		2919808.54	
10	20171115	扣缴纳社会保险费			54479		2865329.54	
11	20171115	扣缴纳工会经费			3044		2862285.54	
12	20171115	扣缴纳公积金			31400		2830885.54	
13	20171118	取现			30000		2800885.54	
14	20171120	汇款入账				206255.54	3007141.08	
15	20171121	转入				599400	3606541.08	
16	20171125	现金存入				68092	3674633.08	
17	20171130	水电费			19176		3655457.08	
18	20171130	电话费			2670		3652787.08	
19	20171130	转账汇款			300000		3352787.08	
20	20171130	利息				737.47	3353524.55	
21	20171130	手续费			15		3353509.55	
22	20171130	转账汇款			200000		3153509.55	

图 9-8 银行对账单数据

即 "G" + 总行数。得到的总行数是 Double 类型的，要转换成 String 类型的才能与 G 组合。所以最终输入的表达式为 "G" + (银行对账单数据 . Rows.Count + 1). ToString。

步骤四，在活动面板中搜索【筛选数据表】，添加至【Excel 应用程序范围】下方，在其属性面板设置内容参数（见图 9-9），设置"输入 - 数据表"和"输出 - 数据表"处均为变量"银行对账单数据"。

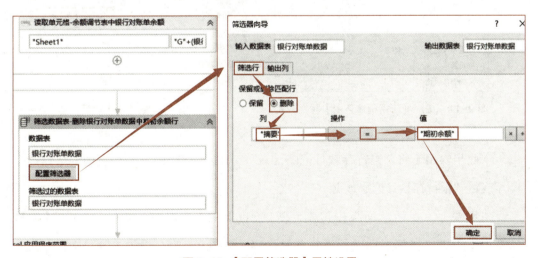

图 9-9　【筛选数据表】属性设置

在【筛选数据表】活动中单击"配置筛选器"按钮，在弹出的"筛选器向导"中单击"筛选行"，选择"删除"，在"列"中输入 "摘要"，"操作"选择"="，"值"中输入 "期初余额"，单击"确定"（见图 9-10 ）。

图 9-10　【配置筛选器】属性设置

此步骤用于将银行对账单数据中期初余额这一行记录删除。

步骤五，在活动面板中搜索【Excel 应用程序范围】，添加至【筛选数据表】下方，在其属性面板设置参数内容（见图 9-11），设置"工作簿路径"处为"银行存款日记账.xlsx"文档在计算机中的完整路径，其他属性为默认设置。

此步骤用于打开"银行存款日记账"Excel 工作簿，为其他 Excel 活动提供了应用程序基础。当该活动结束时，工作簿和 Excel 应用程序都将关闭。

步骤六，在活动面板中搜索 Excel 条目下的【读取范围】，添加至【Excel 应用程序范围】的"执行"中，在其属性面板设置参数内容（见图 9-12），设置"工作表名称"为"Sheet1"；范围"处为空，"数据表"处创建 DataTable 类型的变量"银行存款日记账数据"，"添加标头"为勾选。

<table>
<tr><td colspan="2">UiPath.Excel.Activities.ExcelApplicationScope</td></tr>
<tr><td colspan="2">□ 使用现有工作簿</td></tr>
<tr><td>现有工作簿</td><td>输入 VB 表达式 ...</td></tr>
<tr><td colspan="2">□ 常见</td></tr>
<tr><td>显示名称</td><td>Excel 应用程序范围</td></tr>
<tr><td colspan="2">□ 文件</td></tr>
<tr><td>密码</td><td>工作簿的密码, ...</td></tr>
<tr><td>工作簿路径</td><td>"银行存款日记账 ...</td></tr>
<tr><td>编辑密码</td><td>要编辑工作簿所 ...</td></tr>
<tr><td colspan="2">□ 杂项</td></tr>
<tr><td>隐私</td><td>☐</td></tr>
<tr><td colspan="2">□ 输出</td></tr>
<tr><td>工作簿</td><td>输入 VB 表达式 ...</td></tr>
<tr><td colspan="2">□ 选项</td></tr>
<tr><td>保存更改</td><td>☑</td></tr>
<tr><td>只读</td><td>☐</td></tr>
<tr><td>可见</td><td>☑</td></tr>
<tr><td>如果不存在，则进行创建</td><td>☑</td></tr>
<tr><td>宏设置</td><td>EnableAll</td></tr>
<tr><td>实例缓存时间</td><td>3000 ...</td></tr>
</table>

图 9-11 【Excel 应用程序范围】属性设置

<table>
<tr><td colspan="2">UiPath.Excel.Activities.ExcelReadRange</td></tr>
<tr><td colspan="2">□ 常见</td></tr>
<tr><td>显示名称</td><td>读取范围-银行存款日</td></tr>
<tr><td colspan="2">□ 杂项</td></tr>
<tr><td>隐私</td><td>☐</td></tr>
<tr><td colspan="2">□ 输入</td></tr>
<tr><td>工作表名称</td><td>"Sheet1" ...</td></tr>
<tr><td>范围</td><td>"" ...</td></tr>
<tr><td colspan="2">□ 输出</td></tr>
<tr><td>数据表</td><td>银行存款日记账 ...</td></tr>
<tr><td colspan="2">□ 选项</td></tr>
<tr><td>使用筛选器</td><td>☐</td></tr>
<tr><td>保留格式</td><td>☐</td></tr>
<tr><td>添加标头</td><td>☑</td></tr>
</table>

图 9-12 【读取范围】属性设置

此步骤用于将"银行存款日记账.xlsx"工作簿"Sheet1"工作表中的数据读取至变量"银行存款日记账数据"。

步骤七，在活动面板中搜索 Excel 条目下的【读取单元格】，添加至【读取范围】下方，在其属性面板设置参数内容（见图 9-13），设置"单元格"处为表达式 "K"+（银行存款日记账数据.Rows.Count + 1). ToString；"工作表名称"处为"Sheet1"；"结果"处创建 Double 类型的变量"银行存款日记账余额"。

此步骤用于读取出银行存款日记账余额的数据并存储至变量"银行存款日记账

余额"。

步骤八，在活动面板中搜索【筛选数据表】，添加至【Excel应用程序范围】下方，在其属性面板设置参数内容（见图9-14），设置"输入－数据表"和"输出－数据表"处均为变量"银行存款日记账数据"。

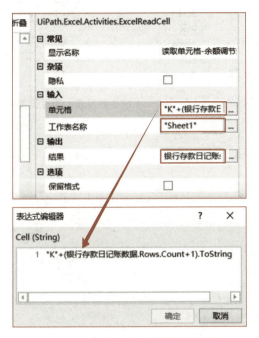

图9-13　【读取单元格】属性设置　　　　图9-14　【筛选数据表】属性设置

在【筛选数据表】活动中单击"配置筛选器"按钮，在弹出的"筛选器向导"中单击"筛选行"，选择"删除"，在"列"中输入"摘要"，"操作"选择"="，"值"中输入"期初余额"，单击"确定"（见图9-15）。

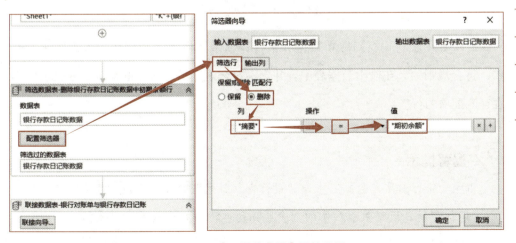

图9-15　【配置筛选器】属性设置

173

此步骤用于将银行存款日记账数据中期初余额这一行记录删除。

步骤九，在活动面板中搜索【联接数据表】，添加至【筛选数据表】下方，在其属性面板设置参数内容（见图 9-16），设置"数据表 1"处为变量"银行对账单数据"，"数据表 2"处为变量"银行存款日记账数据"；"数据表"处创建 DataTable 类型的变量"对账结果"；"联接类型"为"Full"。

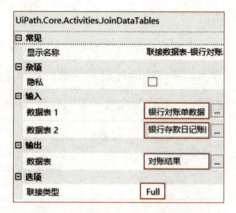

图 9-16 【联接数据表】属性设置

在【联接数据表】活动中单击"联接向导"按钮，在弹出的"联接向导"中如图 9-17 所示填写，单击确定。

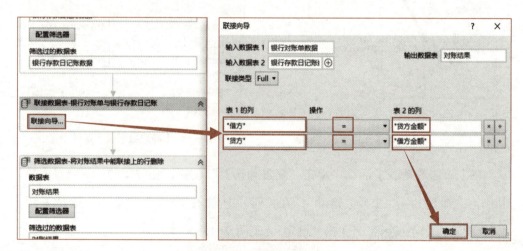

图 9-17 填写联接向导

此步骤用于将银行对账单数据和银行存款余额调节表数据按填入规则进行联接，符合规则的，在输出数据表中合并。不符合规则的，将 null 值插入两张表中不存在匹配项的行。

温馨提示

由于"银行对账单数据"中与"银行存款日记账数据"中的"摘要"列名称相同，"银行存款日记账数据"中的"摘要"列名称将在生成的"对账结果"中自动更改为"摘要_1"。

步骤十，在活动面板中搜索【筛选数据表】，添加在【筛选数据表】下方，在其属性面板设置参数内容（见图9-18），设置"输入 - 数据表"处为变量"对账结果"，"输出 - 数据表"处创建 DataTable 类型的变量"未达账项"。

在【筛选数据表】活动中单击"配置筛选器"按钮，在弹出的"筛选器向导"中单击"筛选行"，选择"保留"，在"列"中输入"摘要"，"操作"选择"Is Empty"，单击"+"，会增加一行，单击增加行的行首"And"，使其变成"Or"，在"列"中输入"摘要_1"，"操作"选择"Is Empty"，单击"确定"（见图9-19）。

图9-18 【筛选数据表】属性设置

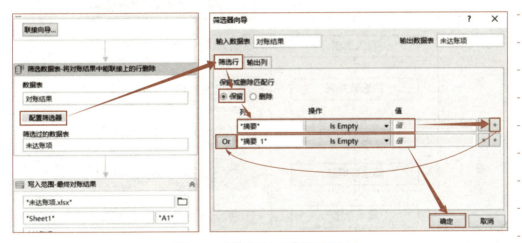

图9-19 【筛选器向导】属性设置

此步骤用于将对账成功的数据行删除，只保留未达账项的部分数据。

本任务中以"摘要"和"摘要_1"是否为空来判断是否为未达账项。

步骤十一，在活动面板中搜索工作簿条目下的【写入范围】，添加至【筛选数据表】下方，在其属性面板设置参数内容（见图9-20），设置"工作表名称"处为"Sheet1"；"起始单

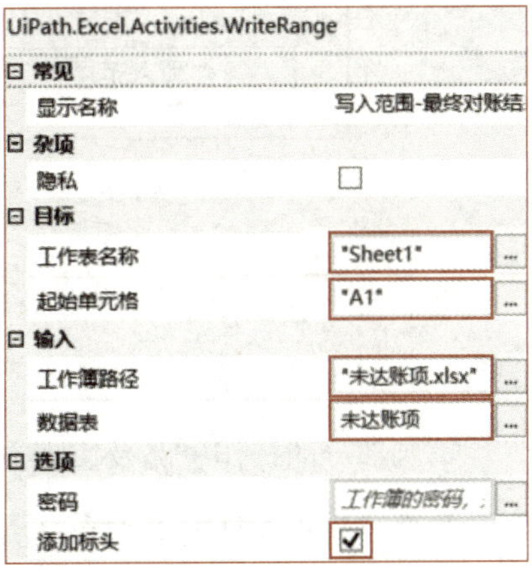

图9-20 【写入范围】属性设置

元格"为 "A1";"工作簿路径"处为 " 未达账项.xlsx" 文档在计算机中的完整路径;"数据表"处为变量"未达账项";"添加标头"处为勾选。

此步骤用于将变量"未达账项"中的数据写入"未达账项.xlsx"文件中。

2. 编制银行存款余额调节表

编制银行存款余额调节表流程如图 9-21 所示。

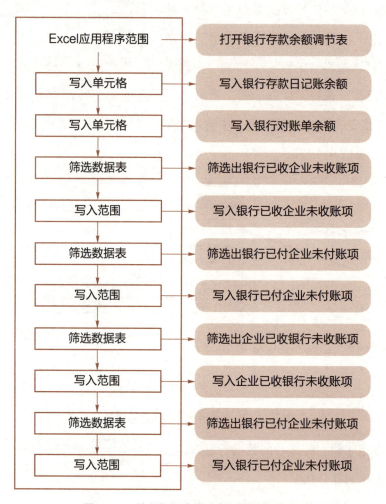

图 9-21　编制银行存款余额调节表流程图

编制银行存款余额调节表是流程设计和开发的第二个部分,共分为 11 个步骤(见图 9-21)。

第二部分的操作思路及实现方法如下。

此部分流程设计的关键点是将未达账项分为四类(见图 9-22):

(1)银行已收企业未收:筛选出银行对账单有贷方金额的记录。

图 9-22　思路及实现方法

（2）银行已付企业未付：筛选出银行对账单有借方金额的记录。

（3）企业已收银行未收：筛选出银行存款日记账有借方金额的记录。

（4）企业已付银行未付：筛选出银行存款日记账有贷方金额的记录。

输出到相对应数据表，再填入银行存款余额调节表中对应位置即可。

步骤十二，在活动面板中搜索【Excel 应用程序范围】，添加至【写入范围】下方，在其属性面板设置参数内容（见图 9-23），设置"工作簿路径"处为"银行存款余额调节表.xlsx"在计算机中的完整路径，其他属性为默认设置。

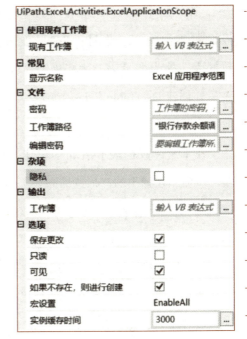

图 9-23　【Excel 应用程序范围】属性设置

此步骤用于打开"银行对账单.xlsx"工作簿，为其他 Excel 活动提供了应用程序基础。

步骤十三，在活动面板中搜索 Excel 条目下的【写入单元格】，添加至【Excel 应用程序范围】的"执行"中，在其属性面板设置参数内容（见图 9-24），设置"工作表名称"处为"Sheet1"；"范围"处为"C2"；"值"处为"银行存款日记账余额.ToString"。

此步骤用于将变量"银行存款日记账余额"的值填入"银行存款余额调节表.xlsx"文档中相应的位置。

步骤十四，在活动面板中搜索 Excel 条目下的【写入单元格】，添加至【写入单元格】下方，在其属性面板设置参数内容（见图 9-25），设置"工作表名称"处为"Sheet1"，"范围"处为"F2"，"值"处为"银行对账单余额.ToString"。

UiPath.Excel.Activities.ExcelWriteCell			UiPath.Excel.Activities.ExcelWriteCell	

图 9-24 【写入单元格】属性设置 　　图 9-25 【写入单元格】属性设置

此步骤用于将变量"银行对账单余额"的值填入"银行存款余额调节表.xlsx"文档中相应的位置。

步骤十五，在活动面板中搜索【筛选数据表】，添加至【写入单元格】下方，在其属性面板设置参数内容（见图 9-26），设置"输入－数据表"处为变量"未达账项"，"输出－数据表"处创建 DataTable 类型的变量"银行已收企业未收"。

在【筛选数据表】活动中单击"配置筛选器"按钮，在弹出的"筛选器向导"中单击"筛

图 9-26 【筛选数据表】属性设置

选行"，选择"保留"，在"列"中输入""贷方""，"操作"选择"Is Not Empty"，单击"输出列"，选择"保留"，在"列"中输入"日期"，单击"＋"，在"列"中输入"贷方"，单击确定（见图 9-27）。

此步骤用于将未达账项中银行已收企业未收的数据筛选出来。

步骤十六，在活动面板中搜索 Excel 条目下的【写入范围】，添加至【筛选数据表】下方，在其属性面板设置参数内容（见图 9-28），设置"工作表名称"为"Sheet1"，"起始单元格"为"B4"，"数据表"处输入变量"银行已收企业未收"。

此步骤用于将银行已收企业未收记录填入银行存款余额调节表。

步骤十七，在活动面板中搜索【筛选数据表】，添加至【写入范围】下方，在其属性面板设置参数内容（见图 9-29），设置"输入－数据表"处输入变量"未达账项"，在"输出－数据表"处创建 DataTable 类型的变量"银行已付企业未付"。

在【筛选数据表】活动中单击"配置筛选器"按钮，在弹出的"筛选器向导"单

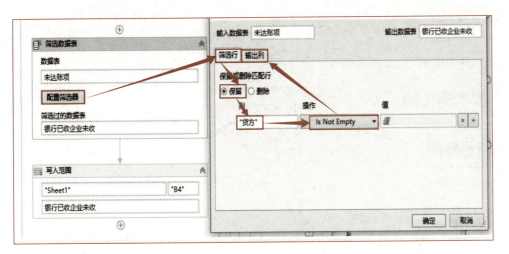

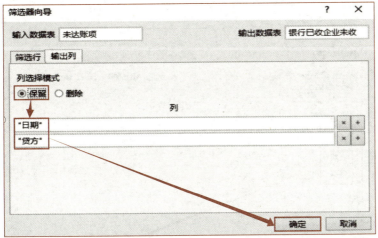

图 9-27 【筛选器向导】配置

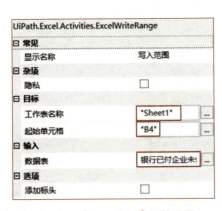

图 9-28 【写入范围】属性设置

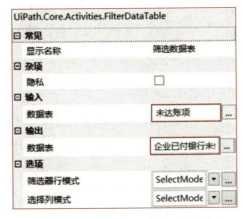

图 9-29 【筛选数据表】属性设置

击"筛选行"，选择"保留"，在"列"中输入"借方"，"操作"选择"Is Not Empty"，单击"输出列"，选择"保留"，在"列"中输入"日期"，单击"+"，在"列"中

179

输入 "借方"，单击 "确定"（见图 9-30）。

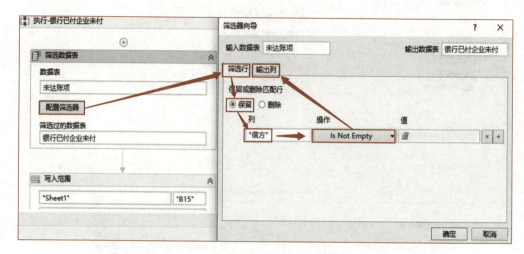

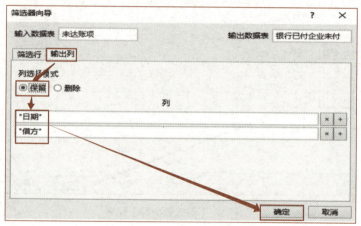

图 9-30 【筛选器向导】配置

此步骤用于将未达账项中银行已付企业未付的记录筛选出来。

步骤十八，在活动面板中搜索 Excel 条目下的【写入范围】，添加至【筛选数据表】下方，在其属性面板设置参数内容（见图 9-31），设置 "工作表名称" 处为 "Sheet1"，"起始单元格" 处为 "B15"；"数据表" 处输入变量 "银行已付企业未付"。

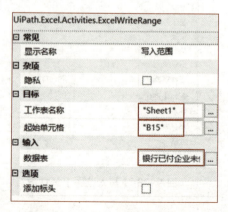

图 9-31 【写入范围】属性设置

此步骤用于将银行已付企业未付记录填入银行存款余额调节表。

步骤十九，在活动面板中搜索【筛选数据表】，添加至【写入范围】下方，在其属性面板参数内容（见图9-32），设置"输入 - 数据表"处为变量"未达账项"；"输出 - 数据表"处创建 DataTable 类型的变量"企业已收银行未收"。

在【筛选数据表】活动中单击"配置筛选器"按钮，在弹出的"筛选器向导"单击"筛选行"，选择"保留"，在"列"中输入""借方金额""，"操作"选择"Is Not Empty"，单击"输出列"，选择"保留"，在"列"中输入""日期_1""，单击"+"，在"列"中输入""借方金额""，单击"确定"按钮（见图9-33）。

图9-32 【筛选数据表】属性设置

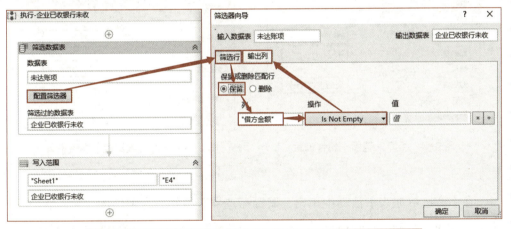

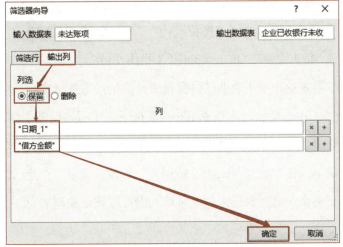

图9-33 【筛选器向导】配置

此步骤用于将未达账项中企业已收银行未收的记录筛选出来。

步骤二十，在活动面板中搜索 Excel 条目下的【写入范围】，添加至【筛选数据表】下方，在其属性面板设置参数内容（见图 9-34），设置"工作表名称"处为"Sheet1"，"起始单元格"处为"E4"，"数据表"处输入变量"企业已收银行未收"。

此步骤用于将企业已收银行未收记录填入银行存款余额调节表。

步骤二十一，在活动面板中搜索【筛选数据表】，添加至【写入范围】下方，在其属性面板设置参数内容（见图 9-35），设置"输入 – 数据表"处为变量"未达账项"；"数据表"处创建 DataTable 类型的变量"企业已付银行未付"。

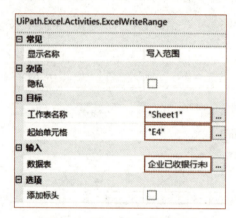

图 9-34 【写入范围】属性设置

图 9-35 【筛选数据表】属性设置

在【筛选数据表】活动中单击"配置筛选器"按钮，在弹出的"筛选器向导"单击"筛选行"，选择"保留"，在"列"中输入"贷方金额"，"操作"选择"Is Not Empty"，单击"输出列"，选择"保留"，在"列"中输入"日期_1"，单击"+"，在"列"中输入"贷方金额"，单击"确定"（见图 9-36）。

此步骤用于将未达账项中企业已付银行未付的记录筛选出来。

步骤二十二，在活动面板中搜索 Excel 条目下的【写入范围】添加至【筛选数据表】下方，在其属性面板设置参数内容（见图 9-37），设置"工作表名称"处为"Sheet1"；"起始单元格"处为"E15"；"数据表"处输入变量"企业已付银行未付"。

此步骤用于将企业已付银行未付记录填入银行存款余额调节表。

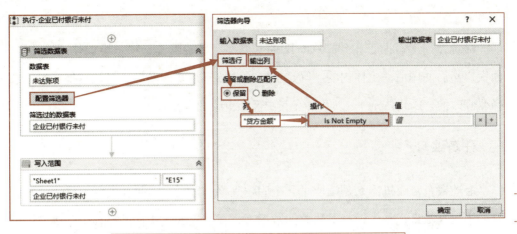

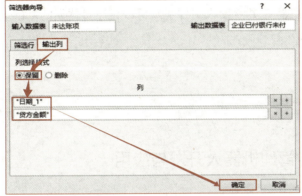

图 9-36 【筛选器向导】配置

图 9-37 【写入范围】属性设置

（四）相关知识

在本任务中用到的【筛选数据表】，可在"筛选器向导"窗口中指定条件来筛选 "DataTable" 类型的变量。此活动可以根据在该向导中指定的逻辑条件保留（或删除）行（或列）。活动主体包含"筛选器向导"按钮，便于随时访问向导并自定义设置。

筛选器向导有助于构建"DataTable"类型变量的筛选选项。可前往"设计器"面板，然后使用活动主体内的"筛选器向导"按钮打开该向导。再从其他字段中选择要修改的"DataTable"，以及要在其中保存更改的数据表。

任务练习

上述银企对账机器人是读取了几个固定表格的数据，但是在实际工作中，每个月的银行存款日记账、银行对账单的数据都是在变化的且文件的路径也不固定，那么能否可以让该机器人灵活读取文件呢？可以在原机器人的基础上尝试做修改，看是否能完成这个练习。

任务十

税务管理机器人开发与应用

税务管理是企业财务工作的重要组成部分，主要包括企业涉税信息的维护、税收政策的收集、涉税数据的核对与校验、纳税申报、发票验真、增值税发票（简称发票）开具、税务筹划等。当前，我国企业的税务管理正朝着自动化、共享化、智能化的方向高速发展，为企业管理决策提供强有力支撑。

一、税务管理流程概述

在税务管理流程中，业务规则明确、自动化程度较高，财务机器人运用也较为成熟，适用财务机器人，RPA 在税务管理流程的应用见图 10-1。

（一）发票验真

RPA 财务机器人可基于增值税发票票面信息自动校验发票真伪，并将增值税发票提交到国家税务总局查验平台进行验证和认证，并反馈和记录结果。

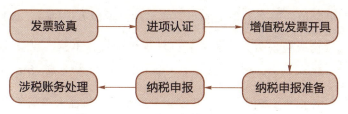

图 10-1　RPA 在税务管理流程的应用

（二）进项认证

RPA 财务机器人定期自动登录国家税务总局系统进行增值税发票勾选认证。定期导出认证结果、开票数据并生成提醒表格，发送给税务管理人员。

（三）增值税发票开具

RPA 财务机器人可根据开票申请单中的信息自动完成增值税发票的申领；客户和商品信息的维护；各种类增值税发票信息的录入；在提高效率的同时避免人为输入错误的发生。

（四）纳税申报准备

RPA 财务机器人自动登录账务系统、国家税务总局系统等，按照税务主体批量导出纳税申报所需要的财务数据、增值税认证数据等基础数据。RPA 财务机器人根据校验公式进行报表的校验，如财务科目与税务科目的数字校验等；将处理好的数据放到统一的文件夹，由税务人员审查。

（五）纳税申报

RPA 财务机器人根据特定逻辑由纳税资料自动生成纳税申报底稿，并登录国家税务总局系统自动填写纳税申报表。

（六）涉税账务处理

RPA 财务机器人可根据纳税、缴税信息，完成财务系统内税务结转、缴税、递延所得税等分录的编制与输入，并发邮件提醒相关负责人。

二、税务管理流程实战——发票开具机器人

税务管理流程中的各个财务机器人针对税务业务内容及特点，以自动化代替人工操作，辅助税务人员完成大量重复、枯燥的基础业务，从而优化税务流程，提高业务处理效率和质量，促进税务的自动化转型。在税务管理流程中，增值税发票的

开具是一项不可避免的繁杂工作，购买方的名称，纳税人识别号，地址、电话、开户行及账号，货物或应税劳务、服务名称，规格型号，单位，数量，单价，金额，税率，税额，价税合计等内容稍有不慎填写错误，就会导致发票的退回，重新开具。下面通过一个案例来学习如何设计、开发一个发票开具机器人提高工作效率。

任务情境

对于财务部开具增值税发票这个工作平时容易出现的问题，经过部门会议的讨论认为发票的格式是有固定规则的，通过开票申请明细表，将开票信息逐一录入到开票系统中，而且每个月工作量也挺多的；应该是可以用 RPA 财务机器人来处理的。部门经理决定让小李去找 RPA 产品研发部门沟通。

第二天小李咨询产品经理赵工关于增值税发票开具是否可以开发 RPA 财务机器人，对话如下：

赵工：先简单地描述一下你的业务流程，我需要初步判断一下 RPA 财务机器人实施的可行性和必要性。

小李：业务部门根据审批完的销售结算单编制开票申请明细表，然后发到我的邮箱、钉钉或者其他工具，我根据开票申请明细表的信息在开票软件里进行发票的开具。

赵工：那我有几个问题。

（1）开票申请的流程是否规范化？开票申请明细表是否格式统一，是 Excel 表格形式还是 Word 文档形式？

（2）每天大概需要开具多少份发票，单人完成一次发票开具的耗时与单月总耗时分别是多少？

小李：业务部门都是根据销售结算单编制的开票申请明细表，格式都是统一，都是 Excel 表格的形式。每月的付款申请单在 800~1 000 份左右，每份发票的开具大概需要 5~8 分钟不等，要视发票类型、产品种类及是否为老客户而定，月总耗时在 70~133 小时左右。

（一）需求收集与流程分析

1. 需求收集

根据任务场景中对发票开具流程的描述，该业务流程的主要有以下三个痛点。

（1）每个月需要开具发票的数量比较多，填写数据耗费大量的人力；

（2）业务时效性要求较高，客户对发票要求高，打印不能错位不能跨行不能压线，客户扫描识别有误，又要退票重开；

（3）工作附加值低，重复性强，员工职业成长缓慢、离职率高。

2. 流程分析（见表 10-1）

表 10-1　流 程 分 析

人工流程	RPA 流程
① 打开第 1 个开票申请明细表	① 根据开票申请明细表，自动构建所有开票申请数据表（或直接调用 Excel 表内容）
② 单击发票填开	② 单击发票填开
③ 选择对应的发票类型，单击确定	③ 判断发票类型，选择对应的发票类型，单击确定
④ 单击…	④ 单击…
⑤ 搜索客户名称关键字，双击搜索结果	⑤ 搜索客户名称，双击搜索结果
⑥ 根据订单号的行数，选择具体的开具方式，填开发票	⑥ 调用工作流文件，进行"发票填写"
⑦ 单击打印	⑦ 单击打印
⑧ 重复上面的步骤	⑧ 重复上面的步骤
	⑨ 弹出信息框：开票完成

（二）可行性分析

在需求收集和流程分析之后，要进行可行性分析，目的是尽可能地在开发之前找出并清除潜在的障碍。根据上述流程，可行性分析见表 10-2。

表 10-2　可行性分析

问题	分析结果
开票申请明细表的格式可以不一样吗？	不可以，开票申请明细表格式需要统一，RPA 财务机器人才能够准确的录入信息开具发票
开票系统升级的情况需要考虑吗？	需要考虑，如果系统升级，需要针对升级后的系统进行 RPA 财务机器人的开发

发票开具机器人

（三）流程设计和开发

结合流程分析和可行性分析的结果，该机器人的流程设计和开发可由"获取开票申请明细表中的数据"录入发票信息"这两个部分构成。

下面将对每个部分涉及的开发步骤进行详细介绍。

本任务所需的"开票申请明细表""用户名及密码"等信息，请扫描边白处二维码获取。

1. 获取开票申请明细表中的数据

获取开票申请明细表中的数据是流程设计和开发的第一个部分，共分为三个步骤（见图 10-2）。

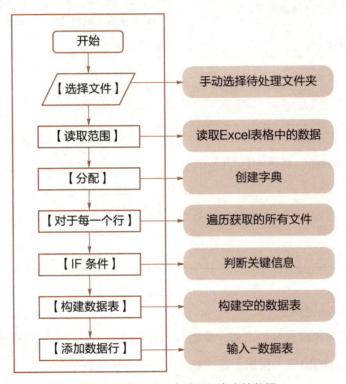

图 10-2　获取开票申请明细表中的数据

步骤一，选择开票申请单文件并读取数据。在活动面板中搜索添加【选择文件】，在其属性面板设置参数内容（见图 10-3），设置"选择的文件"处创建变量"File"。

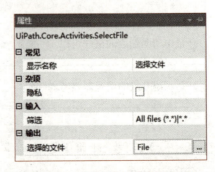

图 10-3　【选择文件】属性设置

温馨提示

通过"选择文件"对话框选择目标文件，来获取文件的完整路径、文件名称及文件拓展名，并赋值给某个变量，以便在【读取范围】等这样需要输入文件路径的活动中使用，从而增加选择待读取文件的灵活性。

在活动面板中搜索工作簿条目下的【读取范围】，添加至【选择文件】下方，在其属性面板设置参数内容（见图10-4），设置"工作簿路径"处输入变量"File"；"工作表名称"处输入""开票申请明细表""；"范围"处为空；"数据表"处创建变量"data"；"添加标头"为勾选。用于读取文件的数据并保存至输出变量中。

变量"data"的数据类型默认为"Date Table"类型（见图10-5）。

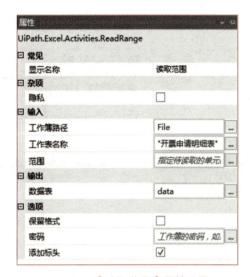

图10-4 【读取范围】属性设置

名称	变量类型	范围	默认值
File	String	序列	输入 VB 表达式
data	DataTable	序列	输入 VB 表达式

图10-5 变量"data"的变量类型

步骤二，创建一个目标类型的空字典。在活动面板中搜索【分配】添加至【读取范围】下方，在其属性面板设置参数内容（见图10-6），在"To"处创建变量"dic"，在"输入表达式"处输入公式"New Dictionary（of String,DataTable）"（见图10-7）。

图10-6 通过【分配】创建"字典"

名称	∧	变量类型	范围
dic		Dictionary<String,DataTable>	序列

图 10-7 "字典"的变量类型

单击变量面板，设置变量"dic"的数据类型，通过变量类型中"浏览类型 ..."
选项，在弹出的"浏览并选择.NET 类型"对话框中设置属性（见图 10-8），搜索
Dictionary，选择"System.Collections.Generic.Dictionary<TKey, TValue>"，设置键的
数据类型为"String"，设置值的数据类型为"DataTable"。

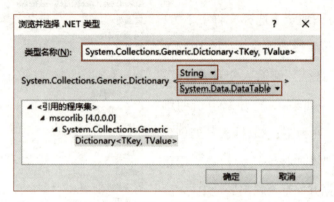

图 10-8 "字典"目标数据类型的选择

此步骤用于创建一个键为 String 类型，值为 DataTable 类型的空"字典"并将
其赋值给变量"dic"。

步骤三，遍历读取的开票数据并存储在字典中。在活动面板中搜索【对于每一
个行】添加至【分配】下方，在其属性面板设置参数内容（见图 10-9），设置"输
入"处为变量"data"；"遍历循环"处默认为"row"。

此步骤用于对数据表中的每一个行进行遍历，该变量会自动生成可在"正文"
内直接引用。

图 10-9 【对于每一个行】属性设置

在活动面板中搜索【IF 条件】添加至【对于每一个行】的"正文"中，在其属性面板设置参数内容（见图 10-10），设置"Condition"处为"dic.ContainsKey(row(0).ToString)"。

图 10-10 设置判断条件

此步骤用于判断字典变量"dic"中的键是否包含当前行第一列单元格的数据。

在活动面板中搜索【构建数据表】添加至"Else"框中，在其属性面板设置参数内容（见图 10-11），单击"数据表…"按钮，在弹出的"构建数据表"的对话框中删除非空白数据行，单击"编辑列"按钮，设置列名称，根据开票申请表的标头，依次添加列并设置"销售出库单号""发票类型""申请日期""购买方名称""购买方识别号""地址、电话""开户行、账号""货物或应税劳务、服务名称""规格型号""单位""数量""单价""金额""税率"的列标头信息。在其属性面板"输出—数据表"中创建变量"dt"，设置范围为最大。

图 10-11 【构建数据表】属性设置

活动面板中搜索【添加数据行】添加至【构建数据表】下方，在其属性面板设置参数内容（见图 10-12），设置"数据表"处为变量"dt"，"数组行"处为公式"row.ItemArray"。

此步骤用于通过 data 当前行的数组来获取或设置此 dt 行的所有值。

活动面板中搜索【分配】添加至【添加数据行】下方，在其属性面板设置参数内容（见图10-13），设置"输入表达式"处为变量"dt"，"To"处为表达式 dic(row(0). ToString)。用于增加字典中的键值对，键为 data 中当前行第一列的数据，值为 dt。

图10-12　【添加数据行】属性设置

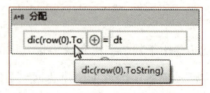

图10-13　向字典的键中存放值的数据

在"Then"框中添加【分配】，属性设置（见图10-14），在"输入表达式"处输入"dic(row(0). ToString)"，在"To"中创建 DataTable 类型的变量"dd"，设置范围为最大。用于将字典中对应键的值赋值给变量"dd"。

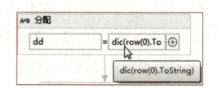

图10-14　调取字典中的数据

在活动面板中搜索【添加数据行】添加至【分配】下方，在其属性面板设置参数内容（见图10-15），设置"数据表"处为变量"dd"；"数组行"处为表达式"row.ItemArray"。用于将字典中对应键的值中添加数组行。

在活动面板中搜索【分配】添加至【添加数据行】下方，在其属性面板设置参数内容（见图10-16）设置"输入表达式"处为变量"dd"，"To"处为表达式"dic(row(0). ToString)"。用于增加字典中的键值对，键为 data 中当前行第一列的数

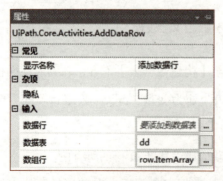

图10-15　【添加数据行】属性设置

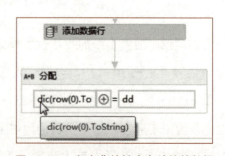

图10-16　向字典的键中存放值的数据

据，值为"dd"。

2. 录入发票信息

录入发票信息流程设计和开发的第二个部分，共分为七个步骤（见图 10-17）。

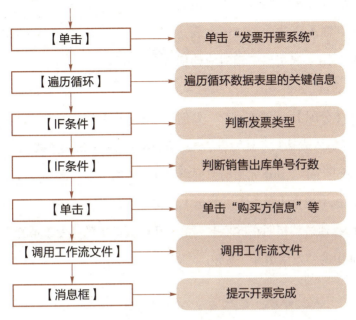

图 10-17　流程图

默认当前浏览器已经登录教学平台，打开了实验环境的发票开票系统页面。

步骤四，遍历循环字典中的键 Key，确定发票类型。在活动面板中搜索【遍历循环】添加至【对于每一个行】下方，在其属性面板设置参数内容（见图 10-18、图 10-19），设置"输入 VB 表达式"处为表达式"dic.Keys"；"遍历循环"处为"key"；"TypeArgument"为"String"类型，其默认为"Object"类型，因在本任务中遍历的内容为字符串，故应当调整"String"。

图 10-18　【遍历循环】属性设置 1

图 10-19　【遍历循环】属性设置 2

在活动面板中搜索【分配】添加至【遍历循环】的正文中，在其属性面板设置参数内容（见图 10-20），设置在"To"处创建 DataTable 类型的变量"dt2"，设置范围为最大，"输入表达式"处输入表达式"dic(key)"。用来取字典中键对应的值的数据存放到变量"dt2"中。

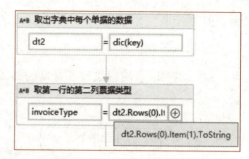

图 10-20 【分配】属性设置

继续添加【分配】，设置在"To"处创建 String 类型的变量"invoiceType"，设置范围为最大，"输入表达式"处为表达式"dt2.Rows(0). item(1). ToString"。用来取变量"dt2"中第一行第二列单元格的票据类型并赋值给变量"invoiceType"。

在活动面板中搜索【单击】添加至【分配】下方，在其属性面板设置参数内容（见图 10-21），通过"指明在屏幕上"单击开票页面中的"发票填开"按钮。用来单击开票页面中的"发票填开"按钮。

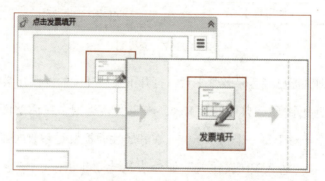

图 10-21 【单击】属性设置

步骤五，判断发票的类型并单击对应的发票填开按钮。在活动面板中搜索【IF 条件】添加至【单击】下方，其属性设置（见图 10-22）在"Condition"处输入表达式"invoiceType = "增值税专用发票""。用来判断变量"invoiceType"当前的值是否为增值税专用发票，如果是则执行"Then"框里的操作，如果不是则执行"Else"框里的操作。

在活动面板中搜索【单击】添加至【IF 条件】的"Then"框里，通过"指明在屏幕上"单击"增值税专用发票填开"按钮。用来单击"增值税专用发票填开"按钮，进入到增值税专用发票填开页面。

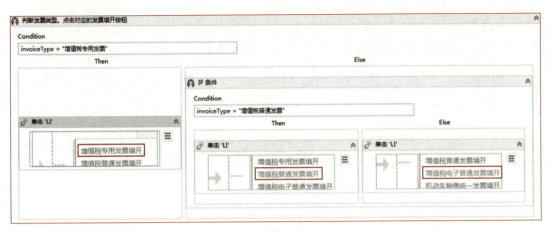

图 10-22 【IF 条件】属性设置

在活动面板中搜索【IF 条件】嵌套至【IF 条件】的"Else"框里,在"Condition"处设置表达式"invoiceType = "增值税普通发票"。用来判断变量"invoiceType"当前的值是否为增值税普通发票。如果是则执行"Then"框里的操作,如果不是则执行"Else"框里的操作。

在活动面板中搜索【单击】分别添加至"Then"框和"Else"框里,在"Then"框里通过"指明在屏幕上"单击"增值税普通发票填开"按钮,在"Else"框里通过"指明在屏幕上"单击"增值税电子普通发票填开"按钮。用来根据条件判断的结果,分别单击"增值税专用发票填开""增值税电子普通发票填开"按钮,进入到对应的发票填开页面。

在活动面板中搜索【单击】添加至【IF 条件】下方,其属性设置(见图 10-23),通过"指明在屏幕上"单击开票页面上"单据填开"提示框中的"确定"按钮。单击编辑选取器,

图 10-23 【单击】属性设置

编辑"Parentid"的属性,将"Layui-layer1000"后面的数字替换为通配符"*"。

此步骤用于单击提示框中的"确定"按钮。

步骤六,判断是否通过清单开票(当发票的开票内容多于 6 行时需通过清单开具)。在活动面板中搜索【IF 条件】添加至【单击】下方,属性设置见图 10-24,设置"Condition"处为表达式"dt2.Rows.Count>6"。用来判断键对应的值的数据表的行数是否大于 6,如果是则执行"Then"

图 10-24 【IF 条件】属性设置

模块三　RPA 财务机器人综合实战

框里的操作，如果不是则执行"Else"框里的操作。

　　在活动面板中搜索【单击】添加至【IF 条件】的"Then"框里，属性设置见图
10-25，通过"指明在屏幕上"单击开票页面上的"清单"按钮。单击编辑选取器，编
辑第二行"src"的属性，将"zzszyfp"删除，用来单击开票页面上的"清单"按钮。

图 10-25　【单击】属性设置

　　在活动面板中搜索【分配】添加至【单击】下方，属性设置见图 10-26，设置
在"To"处创建 Int32 类型的变量"index"，"输入表达式"处为整数 2，设置变量
的范围为最大。用来通过清单开具发票增行时从第 2 行开始增加，为后面增行的数
量设置基数。

　　在活动面板中搜索【先条件循环】添加至【分配】下方，属性设置见图 10-27，
设置"条件"为公式"index<= dt2.Rows.Count"。

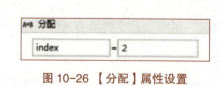

图 10-26　【分配】属性设置

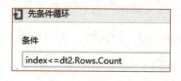

图 10-27　【先条件循环】属性设置

　　当前数据表的数据行数大于等于变量"index"当前的值时，执行单击"增行"
按钮的操作。

　　在活动面板中搜索【单击】添加至【先条件循环】的"正文"里，属性设置见
图 10-28，通过"指明在屏幕上"单击开票页面上的"增行"按钮。单击编辑选取

196

图 10-28 【先条件循环】属性设置

器，编辑第二行"src"的属性，将"zzszyfp"删除。

在活动面板中搜索【分配】添加至【单击】下方，在"To"处输入变量"index"，在"输入表达式"处输入"index＋1"。用来单击开票页面上的"增行"按钮，增加行数至与数据表的数据行数相同为止。

在活动面板中搜索【单击】添加至【先条件循环】下方，属性设置见图 10-29，通过"指明在屏幕上"单击开票页面上的"完成"按钮。单击编辑选取器，编辑第二行"src"的属性，将"zzszyfp"删除。用来单击开票页面上的"完成"按钮，关闭并保存当前的清单增行页面。

图 10-29 【单击】属性设置

在活动面板中搜索【分配】添加至【IF 条件】的"Else"框里，属性设置见图 10-30，在"To"处输入变量"index"，在"输入表达式"处输入整数"2"。开票页面单击增行时从第 2 行开始增加，为后面增行的数量设置基数。

活动面板中搜索【先条件循环】添加至【分配】下方，在"条件"处输入表达式"index＜＝dt2.Rows.Count"。当前数据表的数据行数大于等于变量"index"当前的值时，执行"正文"中的操作。

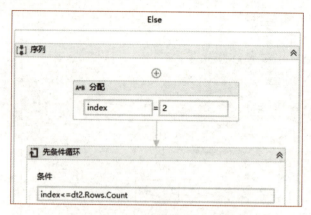

图 10-30 【先条件循环】属性设置

在活动面板中搜索【单击】添加至【先条件循环】的"正文"里，属性设置见图 10-31，通过"指明在屏幕上"单击开票页面上的"增行"按钮。单击编辑选取器，编辑第二行"src"的属性，将"zzszyfp"删除。

在活动面板中搜索【分配】添加至【单击】下方，在"To"处输入变量"index"，在"输入表达式"处输入"index + 1"。用来单击开票页面上的"增行"按钮，增加行数至与数据表的数据行数相同为止。

在活动面板中搜索【单击】添加至【IF 条件】下方，属性设置见图 10-32，通过"指明在屏幕上"单击开票页面上的"..."按钮。单击编辑选取器，编辑第二行"src"的属性，将"zzszyfp"删除。单击"..."按钮，进入选择购买方页面。

在活动面板中搜索【设置文本】添加至【单击】下方，属性设置见图 10-33，通过"指明在屏幕上"单击页面上的"搜索框"，在"文本"处输入表达式"dt2.Rows(0).Item(3). ToString"。单击编辑选取器，编辑第二行"src"的属性，将"zzszyfp"删

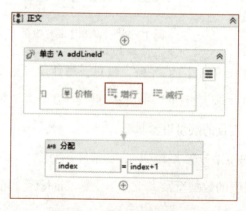

图 10-31 【分配】属性设置

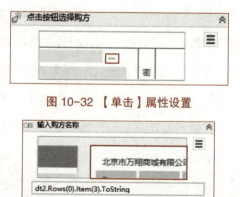

图 10-32 【单击】属性设置

图 10-33 【设置文本】属性设置

除。用来指明输入文本的位置和信息。

在活动面板中搜索【单击】添加至【设置文本】下方，属性设置见图 10-34，通过"指明在屏幕上"单击页面上的"搜索"按钮。单击编辑选取器，编辑第二行"src"的属性，将"zzszyfp"删除。用来对输入的购买方信息进行搜索。

图 10-34【单击】属性设置

在活动面板中搜索【单击】添加至【单击】下方，属性设置见图 10-35，通过"指明在屏幕上"单击页面上的搜索出来的"购买方"；单击编辑选取器，编辑第二行"src"的属性，将"zzszyfp"删除。在属性面板"单击类型"的下拉三角箭中选择"CLICK_DOUBLE"，即双击的类型。用来去选中搜索出来的客户信息。

图 10-35 【单击】属性设置

步骤七，添加并设置工作流文件"发票填写.xaml"。在项目面板的空白位置，单击鼠标右键，会弹出一个菜单，单击"添加"选项，在子菜单中，单击"序列"选项（见图 10-36）。

在弹出的"新建序列"对话框中，在"名称"框中输入"发票填写"，"位置"为默认路径，单击右下角的"创建"按钮（见图 10-37）。

在项目中增加了一个名为"发票填写.xaml"的空白的工作流文件（见图 10-38）。

图 10-36　添加工作流文件

199

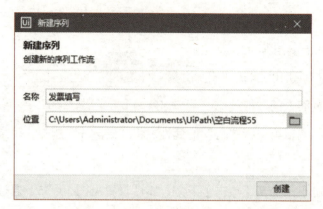

图 10-37　设置工作流文件名称及路径

图 10-38　项目中的新增
工作流文件

在项目所在文件夹中也会对应生成一个"发票填写.xaml"文件（见图 10-39）。

图 10-39　项目所在文件夹中的新增工作流文件

回到 UiPath 设计区，会看到在"Main"选项卡的右侧，增加了一个名为"发票填写"的选项卡，可以在这个选项卡的设计区内进行发票填写流程的设计（见图10-40）。

图 10-40　新增的工作流文件选项卡、设计区

当开发一个稍微复杂一些的流程时，为了能够提高效率，确保流程尽快完成，常见的方法是把流程划分为多个步骤，由不同的人去编写不同的步骤，最后再把这

些步骤组装在一起。这样既方便了流程的开发，使整个流程看起来更清晰，又方便了分步骤测试。

在新增的工作流文件"发票填写.xaml"中，单击参数面板，单击"创建参数"，设置名称为"in_dt"，参数类型为"Data Table"；单击变量面板，单击"创建变量"，设置名称为"dt2"，变量类型为"Data Table"，默认值为"in_dt"。在设计区中添加【分配】，属性设置见图 10-41，在"To"处创建 Int32 类型的变量"rowIndex"，在"输入表达式"处输入"1"。用来对开票内容的行数标记行号。

在活动面板中搜索【对于每一个行】添加至【分配】下方，属性设置见图 10-42，设置"输入"处为变量"dt2"，"遍历循环"处为"row"。用来对数据表中的每一个行进行遍历，分别执行"正文"中的流程。

图 10-41　【分配】属性设置

图 10-42　【对于每一个行】属性设置

在活动面板中搜索【IF 条件】添加至【对于每一个行】的"正文"中，属性设置见图 10-43，设置"条件"处为公式"dt2.Rows.Count > 6"。在活动面板中搜索【单击】添加至【IF 条件】的"Then"框中，通过"指明在屏幕上"单击页面上的"清单"按钮。单击编辑选取器，编辑第二行"src"的属性，将"zzszyfp"删除。用来将大于 6 行的数据通过单击"清单"按钮进行录入。

图 10-43　【IF 条件】、【单击】属性设置

在活动面板中搜索【IF 条件】添加至【IF 条件】下方，属性设置见图 10-44，设置"条件"处为表达式"rowIndex <= 6"。

图 10-44　【IF 条件】【调用工作流文件】属性设置

添加工作流文件的方法参照上述内容，分别添加一个名为"填写发票内容"，和一个名为"清单填写"的序列。

在"填写发票内容"序列中单击参数面板，单击"创建参数"，设置名称为"in_row_index"，参数类型为"Int32"。单击"变量面板"，单击"创建变量"，设置名称为"row"，变量类型为"DataRow"，默认值为"in_row"；单击"创建变量"，设置名称为"row index"，变量类型为"Int32"，默认值为"in_row_index"。属性设置见图 10-45，添加 7 个【设置文本】，依次通过"指明在屏幕上"选择页面上"货物或应税劳务、服务名称"下的对应框，将待输入的发票开票信息输入进去，即键对应的值的数据表中当前行的第 8 列信息"row.Item(7). ToString"。单击编辑选取器，编辑第二行"src"的属性，将"zzszyfp"删除，用 {{row index}} 替换"Id"属性行坐标的数值。取消"table Row"的勾选。若无此属性则忽略。

选择页面上"规格型号"下的对应框，输入"row.item(8). ToString"；单击编辑选取器，编辑第二行"src"的属性，将"zzszyfp"删除，用 {{row index}} 替换"Id"属性行坐标的数值。取消"table Row"的勾选。若无此属性则忽略。

选择页面上"单位"下的对应框，输入"row.item(9). ToString"；单击编辑选取器，编辑第二行"src"的属性，将"zzszyfp"删除，用 {{row index}} 替换"Id"属性行坐标的数值。取消"table Row"的勾选。若无此属性则忽略。

选择页面上"数量"下的对应框，输入"row.item(10). ToString"；单击编辑选取器，编辑第二行"src"的属性，将"zzszyfp"删除，用 {{row index}} 替换"Id"

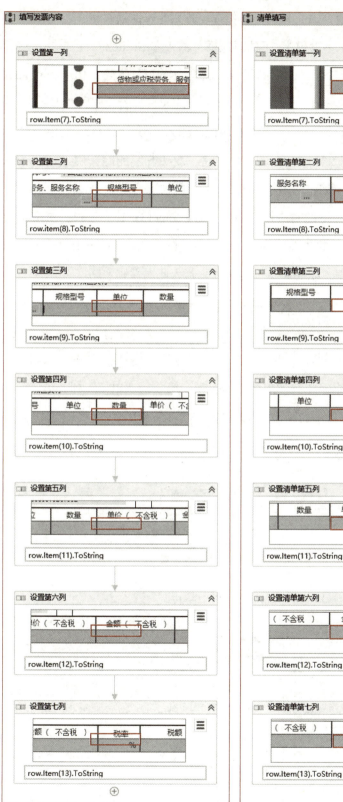
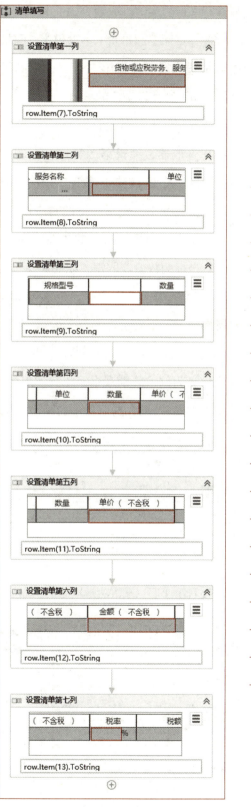

图 10-45　"填写发票内容、清单填写"工作流流程设置

属性行坐标的数值。取消"table Row"的勾选。若无此属性则忽略。

选择页面上"单价（不含税）"下的对应框，输入"row.item(11). ToString"；单击编辑选取器，编辑第二行"src"的属性，将"zzszyfp"删除，用{{row index}}替换"Id"属性行坐标的数值。取消"table Row"的勾选。若无此属性则忽略。

选择页面上"金额（不含税）"下的对应框，输入"row.item(12). ToString"；单击编辑选取器，编辑第二行"src"的属性，将"zzszyfp"删除，用{{row index}}替换"Id"属性行坐标的数值。取消"table Row"的勾选。若无此属性则忽略。

选择页面上"税率"下的对应框，输入"row.item(13). ToString"；单击编辑选取器，编辑第二行"src"的属性，将"zzszyfp"删除，用{{row index}}替换"Id"属性行坐标的数值。取消"table Row"的勾选。若无此属性则忽略。

在"清单填写"序列中，步骤同"填写发票内容"，但需在"清单"填开的页面进行操作。

观察每个【设置文本】通过"指明在屏幕上"获取元素目标位置，例如以5行内容信息为例，分别观察第1行"规格型号"列、第3行"单位"列、第5行"单价（不含税）"列在选取器中的规律（见图10-46）。

货物或应税劳务、服务名称	规格型号	单位	数量	单价（不含税）	金额（不含税）	税率	税额
···						%	0.00
···						%	0.00
···						%	0.00
···						%	0.00
···						%	0.00
合计					￥ 0.00		￥ 0.00

图10-46　观察目标元素位置

查看第1行"规格型号"列元素位置见图10-47。

图10-47　第1行"规格型号"列元素位置

查看第 3 行"单位"列元素位置见图 10-48。

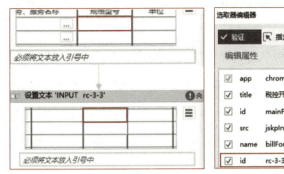

图 10-48　第 3 行"单位"列元素位置

查看第 5 行"单价（不含税）"列元素位置见图 10-49。

图 10-49　第 5 行"单价"列元素位置

通过观察发现，编辑属性中仅有 id 后面的内容是变化的，第一个数字对应的是行号，第 2 个数字对应的是列号。对于开票内容来说行数是不固定的，但列数却是固定不变的，每列都有对应的内容。如果仅想通过设置一行的信息就能分别将多行的内容输入到指定的列中，显然行号对应的数字要设置为一个变量对应着行数。在此可以使用图 10-41 位置中创建的变量"rowIndex"。注意变量在编辑器中需要放在两个中括号 {{}} 中才可以正常引用（见图 10-50）。

图 10-50　变量在编辑器中引用

回到"发票填写"工作流中，在活动面板中搜索【调用工作流文件】添加至【IF 条件】的"Then"框中，在"工作流程文件名"处通过"文件夹"图标按钮，在弹出的对话框中选择"发票填写内容.xaml"文件。

在活动面板中搜索【调用工作流文件】添加至【IF 条件】的"Else"框中，在

"工作流程文件名"处通过"文件夹"图标按钮，在弹出的对话框中选择"清单填写.xaml"文件。用来通过条件判断行号的数量，进而决定是直接填写发票内容还是通过清单填写。

在"Then"框和"Else"框中分别单击"导入参数"按钮，在弹出的"调用的工作流的参数"框中，设置参数"in_row"，"值"处输入"row"，设置参数"in_row_index"，"值"处输入"rowIndex"，见图10-51。用来同步调用指定的工作流""填写发票内容.xaml""""清单填写.xaml""，并向其传递输入参数列表。活动面板中搜索【分配】添加至【IF 条件】下方，属性设置（见图10-52），设置"To"处为变量"rowIndex"，"输入表达式"处为表达式"rowIndex + 1"。

图 10-51 【调用工作流文件】导入参数设置

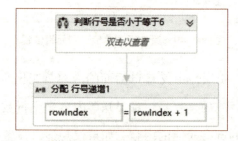

图 10-52 变量在编辑器中引用

在活动面板中搜索【IF 条件】添加至【对于每一个行】下方，属性设置见图10-53，设置"条件"为"rowIndex>6"。

在活动面板中搜索【单击】添加至【IF 条件】的"Then"框中，通过"指明在屏幕上"单击"完成"按钮。单击编辑选取器，编辑第二行"src"的属性，将"zzszyfp"删除。

在活动面板中搜索【单击】添加至【IF 条件】下方，通过"指明在屏幕上"单击"打印"按钮。单击编辑选取器，编辑第二行"src"的属性，将"zzszyfp"删除。

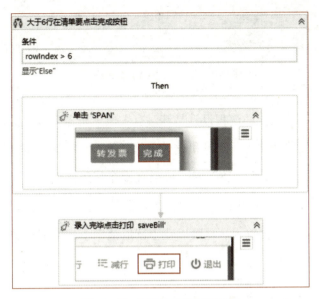

图 10-53　【IF 条件】属性设置

　　回到"Main"工作流中，在活动面板中搜索【调用工作流文件】添加至【单击】下方，属性设置见图 10-54，在"工作流程文件名处"通过单击"文件夹"图标按钮在弹出的对话框中选择 "发票填写.xaml" 文件，或者在属性面板"工作流文件名"中输入 "发票填写.xaml"；单击"导入参数"按钮，在弹出的"调用的工作流的参数"框中，设置参数"in_dt"，"值"处输入"dt2"。用来同步调用指定的工作流"发票填写.xaml"，并向其传递一个输入参数列表。在活动面板中搜索【消息框】添加至【遍历循环】下方，属性设置见图 10-55，在"文本"处输入 "开票完成 "。用来提示用户机器人程序运行完毕。

图 10-54　【调用工作流文件】属性设置

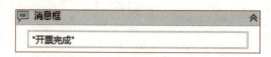

图 10-55 【消息框】属性设置

可以看出来该机器人的流程设计是针对有人值守机器人设计的，也就是有一定的人工干预，比如选择文件、测试机器人工作环境等，操作时有些方面要注意。在【读取范围】设置"工作表名称"时，可以直接在其属性面板"工作表名称"处输入"开票申请明细表"（见图 10-56），但是需要注意在输入工作表名称时一定要在英文状态下的双引号中去输入。也可以在【读取范围】中，通过文件夹图标直接选取目标文件（见图 10-57）。

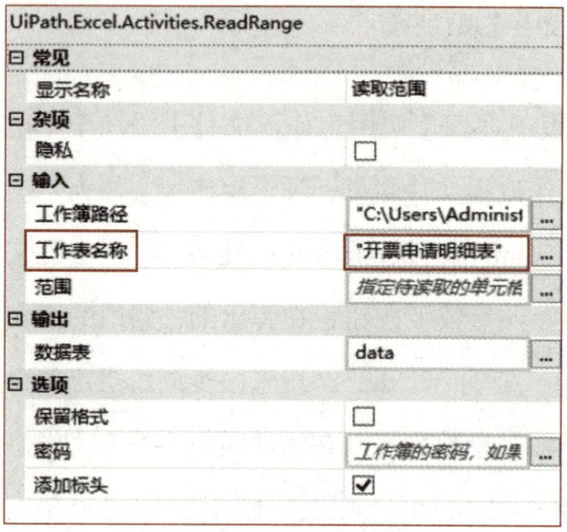

图 10-56　工作表名称

图 10-57　读取范围

在【读取范围】的属性中，一定要记得把"添加标头"勾选上（见图 10-58）。

增值税开票机器人目前没有设置维护购买方信息的流程，购买方信息都已默认在开票软件里维护过，开票时直接通过搜索选中购买方即可开具发票（见图 10-59）。

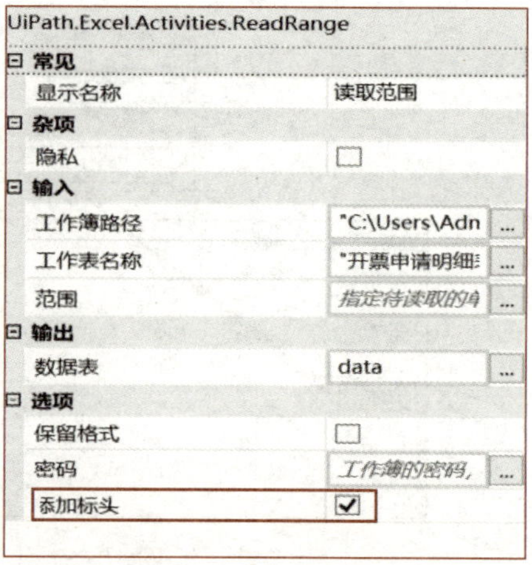

图 10-58　添加标头

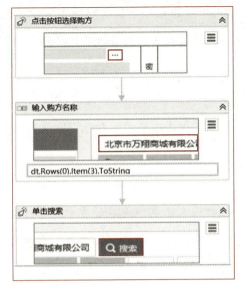

图 10-59　搜索按钮

任务练习

上述税务管理机器人的工作环境是已经将购买方进行了维护，发票进行了申领。假如发票的开具需要再次申领或增加了新的购买方，请熟悉开票系统并结合上述税务管理机器人的开发过程，尝试能否在原机器人的基础上增加申领发票和维护购买方的环节？可以在原机器人的基础上尝试做修改，看看能完成这个任务吗？

前沿资讯

我国人工智能的战略目标

人工智能发展进入新阶段。经过 60 多年的演进，特别是在移动互联网、大数据、超级计算、传感网、脑科学等新理论新技术，以及经济社会发展强烈需求的共同驱动下，人工智能加速发展，呈现出深度学习、跨界融合、人机协同、群智开放、自主操控等新特征。2017 年国务院发布的《新一代人工智能发展规划》中，指出我国人工智能的发展战略目标分为三步走。

第一步，到 2020 年人工智能总体技术和应用与世界先进水平同步，人工智能产业成为新的重要经济增长点，人工智能技术应用成为改善民生的新途径，有力支撑进入创新型国家行列和实现全面建成小康社会的奋斗目标。

第二步，到 2025 年人工智能基础理论实现重大突破，部分技术与应用达到世界领先水平，人工智能成为带动我国产业升级和经济转型的主要动力，智能社会建设取得积极进展。

第三步，到 2030 年人工智能理论、技术与应用总体达到世界领先水平，成为世界主要人工智能创新中心，智能经济、智能社会取得明显成效，为跻身创新型国家前列和经济强国奠定重要基础。

（资料来源：中华人民共和国中央人民政府网）

把高端人才队伍建设作为人工智能发展的重中之重，坚持培养和引进相结合，完善人工智能教育体系，加强人才储备和梯队建设，形成我国人工智能人才高地。从人才供给角度，院校培养和企业培养是人工智能产业人才的培养实践途径，其中院校是我国人工智能人才供给的主要力量，院校培养一是要重视多学科融合培养趋势，复合型人才是刚需；二是适应新技术、新产业的专业建设步伐，紧跟社会发展的需求。企业培养人工智能技术具有较强的综合性和应用型，其最终的发展目标是与行业需求结合。一方面通过内部岗位实践提升从业人员素质与能力，另一方面通过产学研合作的方式将自身的资源与能力优势整合到人才培养过程中，应对人工智能领域复杂、快速变化的知识与能力要求。

模块四
企业实施 RPA 自动化

4

在数字化时代的背景下，企业进行数字化转型是必然的趋势。RPA 基于本身的特点和优势，能够代替大量重复的、有明确规则的低价值工作，是企业数字化转型过程中不可或缺的技术。企业实施 RPA 技术的过程，亦是在企业内部逐步形成自动化意识和氛围的过程，只有员工具备自动化、智能化的技术知识和能力，才能高效地推动人才与业务的双转型。

　　经过前三个模块的学习，已经对 RPA 技术的基础知识与应用有了一定的了解，也能够根据业务情况设计、开发并完成一个简单的 RPA 财务机器人，企业员工的自动化意识、智能化技术知识也有了一定的提高。

　　本模块将从业务理解、范围选择、事务分解、效果分析、流程实现、应用框架、机器人的部署、机器人的运维等方面进行详细的阐述，以便逐步掌握企业实现业务流程的自动化、对 RPA 财务机器人进行部署和运维的方法。

 学习目标 ▶▶▶

知识目标

1. 掌握业务流程自动化实现六大维度的含义
2. 掌握 RPA 部署和运维的方法和技巧

技能目标

1. 会利用六大维度分析如何实现业务流程自动化
2. 会部署和管理 RPA

素养目标
1. 从提高效率和增强稳定性的角度，培养高品质的自动化转型意识
2. 具有基本信息技术科学素质，具有宽阔的科学视野和不断学习新技术的思维习惯

学习导图 >>>

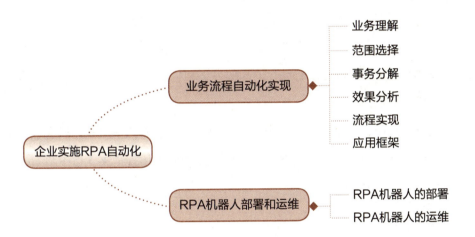

任务十一
业务流程自动化实现

　　业务流程自动化是使业务流程管理（Business Process Management，BPM）和业务规则管理（Business Rules Management，BRM）与机器人应用开发的方向保持一致，从而满足日新月异的市场需求。在过去，企业只需对流程进行自动化，就足以在企业内提高效率并控制成本。这很大程度上是通过 BPM 和 BRM 实现的。BPM 和 BRM 固然是优秀的技术，但仅凭这两种技术已经不再足够。数字化转型是企业在当今市场环境中发展壮大的重要策略，需要业务部门和 IT 部门的携手合作。下面

将从业务理解、范围选择、事务分解、效果分析、流程实现、应用框架这六个维度来探索业务流程自动化是如何实现的。

一、业务理解

实现业务流程自动化的第一步是要进行业务理解，对业务流程的理解程度将直接影响自动化流程的实现难度。本任务将通过流程的元素、处理的分类，以及处理的定义三个部分说明分析一个业务流程的最基本方法，为后续的范围选择和事务分解提供依据。

对业务理解的分析不仅有利于流程自动化，也有利于流程管理本身，明确每一个流程元素，特别是每一个流程处理的逻辑，从而进行详细定义，将有助于自动化流程更好地实现，并发现更多自动化的高效方法和扩展机会。

（一）流程的元素

流程包括系统、文档、处理三个最基本的元素，它们几乎出现在所有业务流程中。要进行完整的业务理解就需要在业务流程图中明确体现出来，以下将对流程的元素进行基本的说明和定义。

1. 系统与数据

系统是流程自动化交互的主要对象之一，流程自动化的主要方式就是通过模拟人的操作与各种不同的系统进行交互。通常系统的使用有两种方式，即通过桌面应用程序和通过浏览器访问。这两种方式的工作流程其实并没有太大区别，都是需要通过输入用户名及密码才能进行登录，并在使用之后需要退出账号。所以在业务理解过程中，系统的范围比系统本身更加重要。系统在业务流程图中使用虚线绘制，从而明确其他流程元素是否在系统内完成，以及整个业务流程是在何时进入和退出系统的。

系统的另一个特征是包含数据，系统交互的目的是获取系统数据或是写入系统数据。通常一个系统中包含多种类型数据，但在业务流程图的绘制中，仅需体现在该业务流程中使用到的数据即可。

数据在业务流程图中使用圆柱体绘制，放在表示系统的虚线范围内（见图11-1），并且一般不需要和其他任何元素连接，因为在流程自动化的实现中，即使一个处理环节使用到了某个数据，一般也不是通过直接访问该数据，而是通过一系列系统所需要的操作获得。

2. 文档

文档通常是业务流程中不可或缺的部分，它可以作为流程整体的入力或出力，也可以在流程中的两个处理之间起到联结作用。借助于流程自动化软件的支持，以及流程中人机交互的需要，在自动化流程中的文档通常为表格形式的 Excel 文件。此外，文档的类型也很大程度依赖于自动化流程中进行交互的系统可以直接进行导入或导出的文件格式。

文档在业务流程图中表示为波浪线的矩形（见图 11-2）。文档至少包含一个向外的箭头用来联结针对文档的处理。

图 11-1 系统与数据业务流程图

图 11-2 文档在业务流程中的表示

3. 处理

业务流程中的处理大体可以分为过程和判断两类，它们的主要区别在于过程进行之后的后续处理是固定的，而判断的后续处理会根据判断的结果而发生变化。处理是自动化流程中最核心的实现对象，也是业务流程图中最重要的部分，以下将对处理进行详细说明。

（1）过程。过程是业务流程图中出现最多的组成部分，过程的目的就是执行操作，写入数据，或是取得数据为后续的处理使用。因为自动化流程的实现特点。连续的过程通常可以进行合并和分解。虽然过程的长度没有严格的规定，但是一个过程不能因为过短而失去连贯性，导致流程不容易理解。所以为了保证业务流程图的思路清晰，一般只在过程的处理环境发生变化，或者其他必须分解的情况下，才将连续的过程进行分解。

过程在业务流程图中表示为一个矩形（见图 11-3），并且包含一个向内的箭头和一个向外的箭头用来联结过程前后的文档或其他处理。

（2）判断。判断可以视为一个特殊的过程，判断中也包含执行操作，写入数据、取得数据等过程所包含的处理。在判断的结尾对后续需要执行的处理进行选择，通常是两个选项中进行一个明确的选择，选择的依据可能是处理中产生的某项数据，也可能是处理中的一个系统反馈的结果。

判断在业务流程图中表示为一个菱形（见图 11-4），并且包含至少一个向内的箭头和两个向外的箭头用来连结判断前后的文档或其他处理。在两个向外的箭头上标注分歧的判断内容。

图 11-3 过程在业务流程图中的表示　　　　　　图 11-4 判断在业务流程图中的表示

（3）多次处理。在实现流程自动化的过程中，多次处理是必须被识别并且和非多次处理区分开的。多次处理有可能是过程，也有可能是判断，如果一个处理中既包含多次处理，也包含非多次处理，需要把两者分开，识别为两个或更多独立的处理。反之，当存在两个连续的多次处理时，在符合业务处理要求的情况下，也可以适当进行合并。如果遇到实在难以拆分的情况，也可以把非多次处理的操作在不影响处理结果的情况下视作多次处理。

需要注意的是，这里的多次处理不是指确定次数的操作，而是指由于每次流程执行过程中所遇到的数据情况不同，而不能确定执行次数的处理。可以明确或只是基于判断而增减执行次数的处理，仍属于非多次处理，比如有些流程需要在录入数据之前确认数据的总数，并且在录入数据之后再一次进行确认。虽然两次的处理相同但仍不属于多次处理。

多次处理在业务流程图中（见图 11-5）区别于单次处理最简单的方法是直接在处理说明的后面加上"（多次）"即可。此外，

图 11-5 多次处理在业务流程图中的表示

与处理相关的文档件数和多次处理的处理次数相对应时，可以在文档说明的后面追加"（多件）"，更有利于业务流程的理解。

（二）处理的分类

把上述介绍的三个最基本的流程元素互相结合使用，就可以涵盖日常业务流程中几乎所有的场景。包含过程与判断在内，通过与文档或是系统交互的方式不同，可以分为七种不同的处理场景，以下将对每一类处理场景进行示例说明。

1. 从文档到文档的过程

从系统导出的 CSV 文件中根据条件，读出个别项目信息，进行计算等处理后，填写到 Excel 表格中，作为下一步自动化或人工处理的数据依据（见图 11-6）。

图 11-6　从文档到文档的过程

2. 从文档到系统的过程

从提供的 Excel 表格中读取指定的数据项目，通过登录系统，并跳转到指定的功能界面，根据界面的输入规则，将数据写入到系统中并保存（见图 11-7）。

图 11-7　从文档到系统的过程

3. 从系统到文档的过程

登录系统，跳转到指定的功能界面，输入条件下载所需要的数据文件，在对话框中指定保存路径，保存文件，退出系统（见图 11-8）。

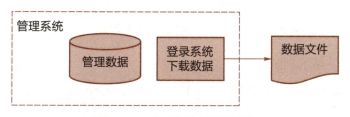

图 11-8　从系统到文档的过程

4. 从系统到系统的过程

登录系统，跳转到指定的功能界面，输入检索条件搜索数据，取得检索到的数据内容后，跳转到系统的另一个功能界面，将刚才获得的数据内容进行输入和处理（见图 11-9）。

图 11-9　从系统到系统的过程

5. 文档与文档的判断

读取从系统中下载的 CSV 文件，与本地的 Excel 文件进行个别项目的有条件比对，当发现完全一致时将 Excel 文件作为附件发送邮件到指定邮箱。如果发现个别项目不一致则将双方的差异记录到 Excel 文件数据的最后一列，将文件保存到指定位置，后续交由人工处理（见图 11-10）。

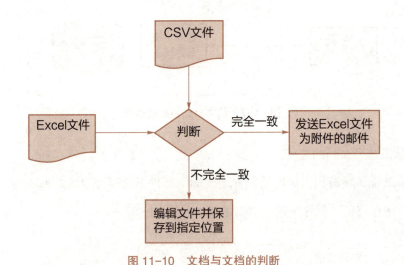

图 11-10　文档与文档的判断

6. 文档与系统的判断

读取 Excel 表格中的数据并登录系统，跳转到指定的功能界面，根据某列数据内容进行逐一检索，当全部检索内容都存在的时候，将该 Excel 表格作为附件发送邮件到指定邮箱。否则，在所有未检索到项目的 Excel 表格最后一列进行记录，将文件保存到指定位置，后续交由人工处理（见图 11-11）。

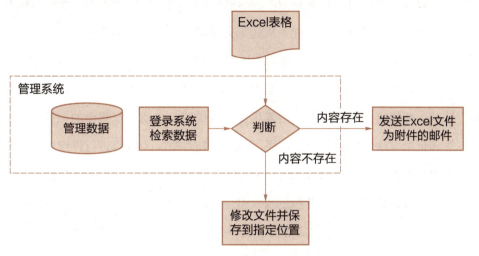

图 11-11　文档与系统的判断

7. 系统与系统的判断

分别登录两个系统，在两个系统中分别跳转到指定的功能界面，从两个界面中分别获取数据并进行比对。如果没有区别则发送邮件报告，否则将两个系统中的界面进行截屏，将图像文件保存到指定位置（见图 11-12）。

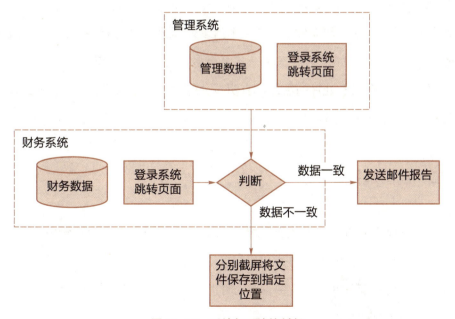

图 11-12　系统与系统的判断

（三）处理的定义

大多数处理可以简单地理解为一种对数据的转化。过程处理的定义通过明确入力项目、出力项目以及处理过程，从而定义过程开始时数据的状态，过程结束时数据的状态，以及数据是如何从开始状态转化到结束状态。

入力项目和出力项目的定义都至少要包含项目名称、项目类型，以及项目的归属。针对一些特定的项目可能还需要更详细的说明。自动化流程中的项目来源、取得方法和记录方法非常多样化，如果可以在早期对每一个项目进行详细的确认，就可以发现很多简化业务流程数据处理的方法。虽然在人工流程中可能只使用一种统一的方法进行某些项目的取得和记录，但是在系统中取得和写入一个项目的方法通常不止一种，可以根据自动化流程的实现特点选择不同于人工流程的项目处理方法。

处理过程是处理定义的核心，自动化流程中的处理过程也较为复杂。一般情况下，处理过程需要明确出力项目是如何通过入力项目得到的。在定义完处理过程后，确认处理过程使用到了所有入力项目，并且定义了所有出力项目是如何得到的。如果某些入力项目没有在处理过程中被使用，则需要删除以简化处理的定义。多余的入力项目会使处理的定义变得难以理解。多数情况下，处理过程不仅仅是为了得到出力项目，有可能仅仅是为下一个处理提供环境准备。所以入力项目和出力项目在处理的定义中都不是必需的。

判断处理比过程处理需要多增加一个后续处理选择的定义。一个判断处理最好只做二选一的判断，如果遇到三选一甚至更多选择时，可以尝试拆分为多个二选一。此外，当一个判断处理的后续没有明显分歧时，也可以视为一个普通的过程处理，从而降低业务流程图的复杂度。

二、范围选择

由于不同处理的流程自动化实现难度不同，在进行充分的业务理解之后需要进行 RPA 的范围选择，进而明确那些可以进行自动化转型的处理。范围选择是实现自动化转型的关键步骤，甚至可以和业务理解同时进行，从而降低不必要的分析设计成本。

（一）自动化的难度

一个业务处理的自动化难度取决于该业务处理的 RPA 适合度，RPA 适合度较高的业务处理通常具备数据格式规范和工作流程逻辑明确的特点，而 RPA 适合度通常可以从业务可行性和系统可行性两方面进行判断。

1. 业务可行性

业务可行性的分析需要确认该处理是否包含必须由人工承担或是必须由人工进行判断的部分。例如由于权限高低和权限范围的不同，一些业务流程的处理部分必须由特定级别或特定职位的人来完成，否则就会出现无法明确责任或信息安全隐患等问题。由于有一些业务流程的判断处理需要包含人工判断的因素，因此无法通过 RPA 机器人进行直接的人工替代。当出现以上两类情况时，会降低处理的业务可行性，使得该处理不适合被选择为 RPA 机器人的实现对象。

2. 系统可行性

系统可行性的分析需要确认该处理所利用的系统和软件是否可以通过 RPA 进行操作，以及通过 RPA 进行操作后的效率是否仍满足该业务的要求。多数情况下的 RPA 软件对不同操作系统和应用系统的支持程度不同，可实现的操作也有不同的限制，比较特殊的系统需要单独进行确认。另外，虽然大多数情况下的 RPA 操作速度是超过人工的，甚至可以达到人工操作的好几倍，但在不同的系统环境下，由于 RPA 技术和系统之间兼容性的问题，并且依赖 RPA 技术的自动化操作与人工操作可能存在差别，对于时效性要求较高的处理，也有 RPA 技术的执行效率不能满足业务要求的情况。当出现以上两种情况时，会降低处理的系统可行性，使得该处理不适合被选择为 RPA 机器人的实现对象。

（二）定型化的方法

在分析了处理的业务可行性和系统可行性之后，基于 RPA 机器人擅长与不擅长的特性，RPA 机器人的实现难度受数据定型度和流程定型度的影响。数据定型度和流程定型度在一定程度上都可以通过调整业务流程的方式进行改善。由于人工流程与自动化流程存在差异，所以在流程自动化实现的过程中，通常都包含数据定型化和处理定型化的步骤。

1. 数据定型化

数据定型化的工作，简单来说就是把人工也能处理的非结构化数据，通过调整格式和规范内容等手段，转化为结构化的数据。入力形式或出力形式较多时会加大数据定型化的难度。

结构化数据的类型一般是带有标准格式的，比如最常用的 Excel 文件、XML 文件、JSON 文件以及存放在各种数据库中的记录等。由于 RPA 技术处理结构化数据的优势，RPA 软件一般可以很方便地对主流的结构化数据类型进行操作，所以在数据定型化的过程中，选择主流的结构化数据类型可以很大程度降低流程自动化实现的成本。

数据定型化后的文档根据需要也可以是非结构化的文件，比如 Word，PPT，文本文件等。由于 RPA 软件在处理非结构化文件时存在局限性，所以记录在非结构化文件的内容需要有较强的规范性，并且在设计自动化流程时要考虑应对例外情况。

如果一个整体的业务流程在实现流程自动化之后仍需包含人工参与的部分，在进行数据定型化的过程中还需要考虑人机协作的问题。除 Excel 以外，RPA 机器人擅长处理的大多数结构化数据，在不借助其他工具的辅助下，很难被人工高效的使用。

2. 处理定型化

处理定型化的工作主要体现在增强流程中处理的逻辑性，减少人为或不确定的因素。包含智能的过程和判断越多则处理定型化的难度越高。

人工流程中，在一个处理的基本逻辑之上，可能还存在时间地点等其他的环境因素，相同情况下的处理结果基于主观的选择也存在一些不确定性，人工可以在包容这些不确定性的同时完成工作。RPA 机器人不擅长非逻辑规则的判断，所以在流程自动化实现之前，需要对不定型的处理进行分析，设计明确的规则。处理定型化需要在充分了解处理非定型部分的形成原因之后，并与用户的实际需求相配合，最终设计出有效的定型化手段。

处理定型化与数据定型化相辅相成，较高的数据定型度可以降低处理定型化的难度。一般情况下，处理定型化对原有流程的影响更大，需要在充分理解用户需求的基础上才能做出具备可行性的设计方案，所以应该优先进行数据的定型化，处理定型化的机会通常是在数据定型化的过程中发现的。

处理定型化是 RPA 技术实施的难点，同时也是 RPA 机器人重要的价值体现。在人工流程的执行过程中，会无意识地执行很多包含智能的处理，而这些处理经常是用户自身都意识不到的。

（三）人机协作设计

范围选择的主要目的是对 RPA 实现难度较高的处理进行识别，通过改善系统可行性和业务可行性，数据定性化和处理定型化等手段，尝试各种改善处理的方法，从而实现更大范围的流程自动化。而针对那些仍然无法实现流程自动化的处理，在从业务流程图中区分开来以后，需要对其所涉及的前后处理及文档进行人机协作设计，以确保人工可以和 RPA 配合完成原有整体的业务流程工作。人机协作的设计主要包括入力出力形式和交互方式两部分。

1. 入力出力形式

在自动化流程中，处理的入力出力形式可能是一个结构化的文件，也可能只是一个临时的信息存储。人工无法处理临时存储的内容，所以当某些业务流程图中的处理被确认为 RPA 技术范围以外时，则这部分处理的入力出力形式就不能被设计为临时的存储，必须是结构化的文件形式。有些结构化的文件格式不太易于人工操作，例如 XML 文件，JSON 文件，以及存放在各种数据库中的记录等，所以既适合人工操作又保持了数据结构化的 Excel 文件是人机协作的主要入力出力形式。由于人员技能和处理环境等原因，人工操作的过程中可能还存在一些辅助性工具和习惯性因素。此外，由于该处理前后的出力和入力形式决定了该处理的入力和出力形式，因此针对该处理的前后处理也需要进行一定的调整。

2. 交互方式

自动化流程与完成度较高的传统 IT 系统相比，存在用户使用过程中不断完善的特点，所以人机协作的交互性也需要在用户的使用过程中根据工作环境等因素不断地调整。人机交互的方式大致有文档交互，表单交互，邮件交互，平台交互等方式。

在人工处理的入力出力形式均为文档的情况下，文档交互是最常用的交互方式。文档交互有容易保存和复制的特点，文档还可以借助其他工具或应用程序进行高效的编辑。文档交互通常适用于大量数据项目的交互。

表单交互用于每次处理经常发生变化的入力内容和出力内容，例如日期、目录、密码等。一些不容易填写的项目可以通过提前为表单设置默认值，或下拉选项等方式提高人机交互的效率。一次性不需要保存的交互项目也适用于表单交互。

邮件交互是一种可以随时随地进行的人机交互形式。和文件交互一样，有可保存可复制的特点，但邮件本身并不是一个完全结构化的数据，需要对人机交互邮件的格式进行设计。此外，大量数据项目的交互基于邮件服务器的规则限制通常不适用于邮件交互。

一般来说，平台交互是最好的人机交互手段，但所需要的设计成本和用户的学习成本较高。RPA 软件的人机交互平台可以使人机协作的方式和手段更加灵活且规范化，所有的交互过程也可以被管理和监控，通过权限设置可以保证交互内容的安全性。平台交互会随着 RPA 软件的成熟不断完善。

在流程自动化转型的过程中，应该更多地从用户需求和解决问题的角度出发，而不是从技术应用的角度去设计人机协作模式。把能够执行自动化流程的 RPA 机器人当作是一种新型的人力资源，从而考虑出各种资源之间如何高效配合，是设计人机协作模式的核心思想。

三、事务分解

事务是自动化流程的一个重要概念，要想进行业务流程的事务分解，首先需要了解事务的特性，以及基于事务的流程分类，最终实现基于事务的业务流程分解。事务分解的方法有一定的灵活性，根据实际场景和用户执行习惯的不同，相同的业务流程的事务分解结果也不尽相同，可以根据实际情况灵活掌握。

（一）事务的特性

事务的三个最主要的特性包括重复性、进度性和独立性。事务的这些特性可以作为判断事务的主要依据，当一个流程的处理，不完全符合事务的特征要求时，可以进行对原有业务处理的调整，从而明确事务的处理逻辑，最终实现更好的流程自动化。事实上，人工流程在进行重复业务处理时，基本也是遵循事务的思维，但是人工流程通常并没有把事务和非事务的部分明确分开。

1. 事务的重复性

事务通常具备重复性，也就是流程元素中的多次处理。它可能是一个多次处理，也可以是多个多次处理的组合，甚至也可以同时包含非多次处理在其中。当一个事务包含多个多次处理时，每一个多次处理的执行次数必须是统一的，否则需要被视为多个事务。当一个事务中包含非多次处理时，需要将该处理也视为和其他多次处理拥有相同的执行次数，并通过逻辑判断的方式限制它们只在某些情况下被执行，例如仅在开始或结尾执行的非多次处理。非多次处理也可以被视作事务，但并不推荐这样做，因为有限执行次数的处理在自动化流程中通常并不能产生人工替代的额外价值，它们一般只用来完成事务的准备和结束的工作，而通过分析事务在一个自动化流程中的占比是衡量自动化效果的指标之一。当一个自动化流程中不包含事务时，通常无法直接提供流程自动化回报。

2. 事务的进度性

在一个业务流程中，通常只有事务包含进度性，也就是说当一个业务流程执行到事务开始的部分，一项工作才真正开始，之前的处理都属于事务准备的工作。由于事务存在重复性，事务的进度性也体现在每一次被重复执行事务的结尾，进度会根据执行数量逐渐产生，而不是事务完全结束后才一次获得。当所有事务都被执行完毕以后，该流程的结束处理中仍有可能产生进度，例如需要将整体情况汇总进行报告的流程，即使没有完成，事务的进度也不会消失。如果发现包含在事务范围内的处理无法在完成时取得确定进度，则需要追加处理，例如人工流程习惯在所有事务都结束的时候再更新进度表，但自动化流程中则需要将进度表更新的处理追加到每一次重复的过程中，从而使得每一件被执行的事务都具备进度性。

3. 事务的独立性

事务的独立性来源于重复性和进度性，由于每一次重复执行都能产生进度，所以即使事务在重复的过程中有些处理没有被成功完成，也不会影响到已经完成或是后续完成事务的进度。事务的独立性还体现在环境和操作的独立性，即每一次重复执行之间不存在必然的顺序关系。因此，每一次重复执行开始和结束时，事务使用的操作系统、应用系统所处的环境状态都是一样的。如果一个事务在执行的过程中发生异常情况无法继续，则只需要将环境还原到事务执行之前的状态，即可重复执行该事务，或者执行下一个事务。

（二）基于事务的流程分类

基于事务的特征，包含事务的流程大体分为五类：单一事务流程、连续事务流程、自增长事务流程、常驻事务流程，以及复杂事务流程。

1. 单一事务流程

单一事务流程，指该类流程仅包含一个事务，是流程自动化中应用最广泛的流程。在多数情况下，由于单一事务流程有利于设计和维护，所有的流程都应该尽可能地设计为单一事务流程。单一事务流程的事务也有可能是多个多次处理的合并，通常需要它们拥有固定的执行顺序、相同的执行次数。单一事务流程见图11-13。

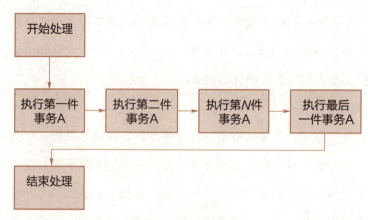

图 11-13　单一事务流程

2. 连续事务流程

连续事务流程包含两个或两个以上因为重复次数不同等原因无法合并的事务。虽然这些事务在多数情况下可以各自设计为独立的单一事务流程，但是当拥有共同的开始和结束处理，关联性较强，并且总是按照固定的先后顺序执行时，连续事务流程更易于用户的使用和理解。连续事务流程见图 11-14。

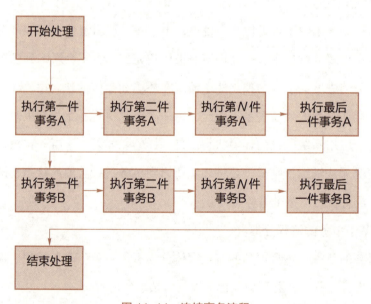

图 11-14　连续事务流程

3. 自增长事务流程

自增长事务流程是包含一种特殊事务的流程，这种特殊事务可以在执行过程中增加需要被执行的事务数。通常的事务在实际执行开始时就可以根据入力项目确定需要重复事务执行过程中会根据前面事务执行的情况，追加后续所需要执行的事务，而这些被追加的事务在执行过程中还有可能继续增加所需要执行的事务。也因此，自增长事务流程区别于其他流程，在运行结束前都无法确定大概的执行结束时间，需要根据该流程的特征和使用场景进行特别设计。自增长事务流程见图11-15。

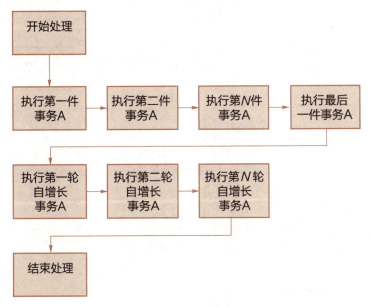

图 11-15　自增长事务流程

4. 常驻事务流程

常驻事务流程在执行开始后会一直执行，通过监控邮件或指定的目录来决定所需要执行的事务，在人工干预之前常驻流程会一直工作，即使当前没有任何所需要执行的事务，常驻事务流程也会以一定的时间周期做最基本的事务等待。该类流程被设计用于那些高频却不定时执行的业务。由于常驻事务流程在执行过程中存在空闲时间，可以将多个常驻事务流程进行整合以提高自动化流程的执行效率。常驻事务流程的最大好处是可以迅速响应需要执行的事务请求。常驻事务流程见图11-16。

5. 复杂事务流程

复杂事务流程比连续事务流程更复杂，不但拥有多个无法合并的具备独立性的事务，并且这些事务的执行顺序也并不固定，后续事务是否执行及执行顺序取决于前一个事务的执行结果，这就需要在每一个事务执行后都进行记录和判断。在日常业务中直接用到复杂事务流程的情况很少。从业务整体来看，将单一事务流程整合扩展之后所形成的端到端的完整业务流程，都具备复杂事务流程的特征。复杂事务流程见图11-17。

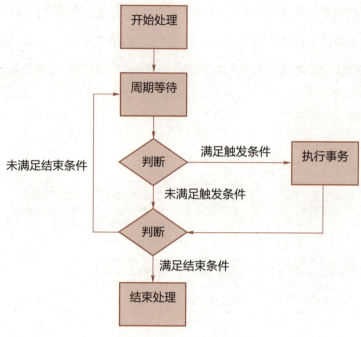

图 11-16　常驻事务流程

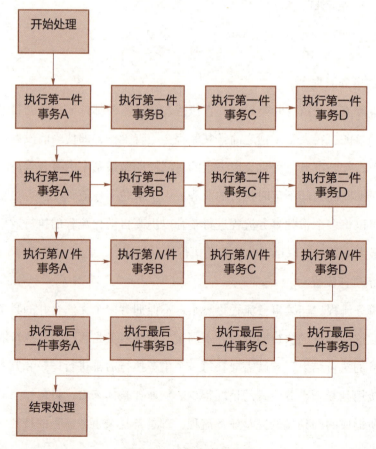

图 11-17　复杂事务流程

（三）基于事务的流程分解

在通过业务理解形成业务流程图，并且基于流程自动化的特点进行范围选择之后，为了进行具体的流程自动化实现，需要进行基于事务的流程分解。基于事务的流程分解大体分为三个步骤：确定事务、确定事务的开始和结束、调整事务。

确定事务的主要方法是关注业务流程中的多次处理，并且尽量明确它们的重复次数。业务流程图中的每一个多次处理，都应该作为某一个单一事务流程的组成部分。将重复次数相同并且固定执行顺序的多个多次处理进行合并，可以达到提高效率和简化自动化流程的目的。

确定好单一事务流程的事务部分之后就可以对事务的开始和结束进行选择，通常只把与事务相关的处理加入单一事务流程中。一个业务流程图中所有处理都应该为至少某一个事务服务，无论是作为准备的部分，还是事务的部分或是结束的部分。特殊情况下，如果业务流程图中的一个处理不与任何事务相关，通常是具备进度性的。就可以作为某一事务的结束部分，而不能作为开始部分。因为在事务执行前进行的任何具备进度性的处理，都会在一定程度上破坏事务的独立性，并且带来重复执行的风险。

流程分解的最后一步是调整事务，即验证事务分解的正确性并发现其他可能的分解方式。拥有相同重复次数的连续多次处理可以合并为一个事务，但即使有些事务并不拥有相同的重复次数，也可以通过业务流程的再设计等方式，以主要影响后续处理的事务为基准，统一其他事务的重复次数，从而达到合并多个多次处理的目的，同时也符合精益管理的原则。此外，在不影响业务流程结果的前提下，调整一部分多次处理的执行顺序，也可以实现流程合并的结果。

总的来说，虽然基于事务的流程分解规则较为严格，但在符合业务的情况下进行调整之后，大部分流程都可以分解为多个单一事务流程。由于事务的重复性是流程自动化回报的主要来源，而被整合的事务可以大大提高用户的使用效率以及使用体验。事务分解是进行自动化流程设计的关键步骤，需要在充分理解业务的前提下，尝试各种不同的可能性，分别进行适当的验证之后，确定出最佳的事务分解方案。

四、效果分析

在针对业务流程中各处理的特点进行事务分解之后，在真正的自动化实现之前，通过对每个流程进行效果分析，从而判断将该业务流程进行自动化转型之后可以获得的回报。广义上来说，基于自动化技术发展的限制，可以通过包括人工智能在内的自动化手段完成人工替代的流程都可以被称为自动化流程。但在狭义上来说，只有那些在自动化转型之后可以获得回报的流程才有流程自动化的现实意义。

在具体进行效果分析之前，需要了解 RPA 效果的本质。首先，不要把 RPA 当作一个应用工具的导入，而是要视为可以助力企业业务更新的手段，可以说在 RPA 导入的过程中，受益最大的还是业务流程本身。其次，RPA 不是既存不合理业务的延命策略，而是业务标准化合理化的路径。自动化流程的设计，同时也是对人工流程合理化的检查。最后，从整体来看，不应该仅把 RPA 当作一时的效率化或节约成本的对策，而是一种长期持续的业务改善及管理模式的提升。

RPA 效果在不同的自动化转型阶段体现的方式不同。整体来看，RPA 的回报呈现长尾型的特点。即在自动化转型前期，实现自动化的流程较少，每个自动化流程都拥有非常明显的事务特征，且 RPA 回报较高。在自动化转型的后期，随着人员自动化意识和水平的提高，越来越多的自动化机会被发现。虽然每个流程的回报可能不高，但是由于数量众多，并且自动化环境较初期有大幅度的改善，自动化转型成本降低的同时，协同效应也逐渐体现。

在以上实现自动化的过程中，评判 RPA 回报的方法大体可以分为定量效果和定性效果两类，前期的 RPA 导入更关注定量效果，而后期的 RPA 导入则更关注定性效果。

（一）定量效果

RPA 的定量效果可以简单理解为流程自动化实现之后可以节约的人工成本回报，即被自动化实现的人工流程原本的成本与自动化实现过程中所需要的成本之差。衡量 RPA 的定量效果通常使用投资回报率（Return On Investment，ROI）指标。

1. ROI 的计算方法

在 RPA 实施过程中的投资回报率，通常指的是全时人工工时（Full Time

Equivalent，FTE）与总拥有成本（Total Cost Of Ownership，TCO）之比，FTE 表示一名全职员工人工执行流程所需要的工时。TCO 表示实现该自动化流程所需要的总成本。总拥有成本主要包括开发成本、维护成本、产品成本和设备成本四部分。其中产品成本和设备成本相对固定，开发成本和维护成本则根据流程的特点而发生变化。ROI 的计算方法为：

$$ROI = FTE/TCO = 人工工时 / （开发成本 + 维护成本 + 产品成本 + 设备成本）$$

一个自动化流程产生定量效果的前提是 ROI>1，即：

$$人工工时 > 开发成本 + 维护成本 + 产品成本 + 设备成本$$

人工工时的计算方法为：

$$人工工时 = 一次作业时间 × 每年使用次数 × 使用年数$$

其中，一次作业时间是指实际人工在执行该流程时所需要的工时，如果每次的工时有差别则可以使用平均值。

每年使用次数可以通过每月使用次数乘以 12，或者通过每周使用次数乘以 50 得到，虽然一年有 52 个星期，但是其中两个星期通常作为休假不做计算。

开发成本的计算方法为：

$$开发成本 = 一次非重复作业时间 × 开发难度系数$$

其中，一次非重复作业时间是计算 RPA 开发成本时一个重要的概念，即无论流程中的每个处理包括多次处理和非多次处理，在流程执行过程中实际会执行几次，在计算开发成本时由于开发的处理对象是不变的，所以仅以人工一次的执行时间进行计算。将业务流程中所有处理包括过程和判断在内执行一次的时间进行累加，即可得到一次非重复作业时间。

开发难度系数主要受 RPA 产品的成熟度、流程运行的系统环境、开发者的技术能力，以及 RPA 用户的参与度影响。用户参与度是影响开发成本的最关键因素，始终保持较高的用户参与度，通常是降低开发成本和提高 ROI 的关键。在自动化转型的后期，大多数自动化流程甚至是由用户自己开发的。开发难度系数的设定一般在 100 到 200 之间，出现超过 200 难度系数的流程时，可以尝试改善影响开发难度系数的四个因素之后，再进行开发。

维护成本的计算方式为：

$$维护成本 = 开发成本 × （使用年数 -1） × 维护难度系数$$

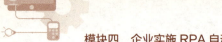

其中，维护难度系数一般在 0.05 到 0.2 之间，影响维护难度系数的因素和影响开发难度系数的因素基本相同。需要注意的是，这里所体现的维护成本仅包含为了自动化流程可以正常使用所需要的最低限度支持，为应对业务流程变更及系统环境变更所需。

2. ROI 的计算实例

根据从外部收到邮件附件的 Excel 文件内容，调整部分内容后，在内部系统中进行登录、检索、录入等一系列操作，并确认系统返回的结果。该流程工作日每天执行 6 次，时间点为 8：00，10：00，12：00，14：00，16：00，18：00。每次作业时长 0.5 小时，预期流程可使用 2 年。一次非重复作业时间也为 0.5 小时。假设开发难度系数为 200，维护难度系数为 0.2。2 年间的产品成本与设备成本折合人工为 200 小时。

ROI 计算结果：

人工工时 = 0.5 × 6 × 5 × 50 × 2 = 1 500（小时）（9.4MM）

开发成本 = 0.5 × 200 = 100（小时）

维护成本 = 100 × (2 − 1) × 0.2 = 20（小时）

开发成本 + 维护成本 + 产品成本 + 设备成本 = 100 + 20 + 200 = 320（小时）（2MM）

投资回报率：1 500/320 = 4.69

（二）定性效果

在自动化转型的前期，流程自动化的目标主要追求定量效果。当流程自动化的意识和应用获得了一定的积累之后，自动化流程之间所产生的协同效应及人机协作模式的不断成熟将成为 RPA 效果的催化剂，进而放大已经获得的定量效果。定性效果在自动化转型前期不容易体现，但在自动化转型的后期，定性效果会逐渐成为衡量 RPA 效果的主要标准。

定性效果的获得主要有用户角度和推进部门角度两个方面。

从用户角度来看，定性效果可以带来工作负担的减少，包括业务效率和作业精度的上升、工作时间的缩短、工作压力下降、工作高峰期的减少等。定性效果还能带来更好工作结果的产出，例如提高工作报告的频率，实时反应最新情报，工作流程改善等。除上述效果以外，发挥定性效果的 RPA 导入可以使作业失误率降低，实现零事故发生，工作开始时间及工作完成时间的精确测算，还能提高后续其他工作的完成速度。

从推进部门的角度来看，通过 RPA 的实施可以提高该部门的重要性，得到用户部门的认可，还有利于其他工作的进行。此外，定性效果还包括降低机密情报的泄露与篡改风险，以及严格遵守法律规定等。

流程自动化不仅是成本节约手段，也可以用来提高生产性。由于有效利用自动化流程通常必须进行一定程度上的业务调整，在实施流程自动化的过程中也可以改善现有的业务流程。除上述效果以外，实现精益管理，解决流程瓶颈，员工技术积累都是常见的定性效果。

五、流程实现

自动化流程的实现要基于自动化处理的特点并充分理解人工流程中的每一个处理逻辑，同时设计出相应的自动化处理的过程与判断。自动化处理可以在一定程度上模拟人工的操作过程，通过鼠标键盘操作的方式与用户界面进行交互。通过 RPA 软件技术，自动化处理还可以通过应用交互或者接口交互的方式完成处理。因此，自动化流程的设计实现过程主要体现在人工处理与自动化处理的差别上，这些差别主要可以分为操作处理，数据处理，异常处理三个类。

（一）操作处理

1. 启动应用程序

人工处理一般通过鼠标单击在桌面或菜单中的应用程序图标启动应用程序。自动化处理可以使用打开应用程序或启动进程的活动，通过应用程序执行文件的全路径直接启动应用程序。编辑软件、视频软件、压缩软件等许多应用程序在启动时还可以追加参数，达到更高效使用其功能的目的。在自动化流程中，启动应用程序处理的项目通常包含执行文件的完整路径。

2. 网页迁移

人工处理一般通过鼠标单击在网页中出现的按钮或链接进行页面迁移，在明确网址的情况下，自动化处理可以使用导航活动，通过网址及所需要的参数直接迁移页面。通过网址和参数的动态编辑，还可以省略迁移到指定页面所需要的许多页面操作的过程。所以在自动化流程中，页面迁移处理的项目通常包含指定页面的网址。

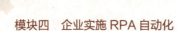

3. Excel 操作

人工处理 Excel 文件内容的读取和编辑时需要打开 Excel 文件，并通过鼠标和键盘的一系列操作使用 Excel 的软件功能来完成处理。自动化处理一般使用 Excel 的各种活动，通过各种参数的设置直接完成对 Excel 文件内容的读取和编辑，不需要实际打开 Excel 文件。由于 Excel 存储的是 RPA 容易处理的结构化数据，通过自动化编程实现的排序、筛选、计算、判断等处理相比于使用 Excel 的软件功能更加灵活高效。在需要执行一些比较复杂的操作，或是使用带有宏功能的 Excel 文件时，使用执行宏的活动也是 RPA 针对 Excel 高效处理的常用手段。

4. 邮件操作

人工处理邮件的获取和发送操作无论使用 Outlook 等邮件管理软件，还是通过访问邮箱网址的方式，都需要通过鼠标和键盘的一系列操作调用其中的功能来完成处理。自动化处理邮件时可以直接使用专门调用 Outlook 等邮件管理软件功能的相关活动，也可以使用 POP3 或 SMTP 的活动，通过设置邮件服务器等参数进行邮件的获取和发送操作。

5. 对话框操作

人工处理对话框操作时，对于一些比较难直接填写完整的情况，通常需要借助树形菜单，浏览功能或复制粘贴等手段，用鼠标单击或快捷键的操作代替作业量较大的键盘输入操作。自动化处理基于数据记忆和执行速度的优点，对于用户界面交互不友好，数据项目多，键盘输入量较大的表单，仍然可以采用直接输入操作的方式，并且能够保证输入的内容正确无误。

（二）数据处理

1. 数据库操作

人工处理数据库中的记录时一般是通过使用数据库作为数据存储的应用软件来完成的，需要通过登录系统、功能选择、条件输入等一系列操作，通过有限的界面交互手段完成数据库内容的访问与修改。自动化处理数据库中的记录时可以不通过软件操作的方式，而是通过设定好的数据库用户名和密码直接连接到数据库本身。

2. 文本文件

人工处理文本文件是操作系统中常用的一种操作。通过打开文本文件，在显示的文本中进行编辑，一般还会配合剪贴板的功能进行复制与粘贴的操作。自动化处理也可以在不打开文本文件的情况下直接对其内容进行写入或读取的操作，通过相应的活动还可以在文本文件的末尾进行内容追加。

3. 压缩文件

自动化处理压缩文件时除了可以模拟人工进行界面交互以外，还可以使用启动进程的活动，通过命令行的手段直接调用压缩文件的特定功能并附加参数。使用命令行执行压缩文件的操作除了提高执行效率以外，还可以在多个文件同时处理时减少界面交互的相互干扰。

4. 结构化数据文件

CSV 文件，XML 文件和 JSON 文件等都是比较常用的结构化数据文件，甚至 Excel 文件的大部分内容也是基于标准的 XML 格式存储的，人工处理这些文件一般要通过相对应的解析软件，自动化处理这些结构化数据时，一方面可以模拟人工操作，同样通过界面交互的方式使用这些解析软件；另一方面，由于 RPA 软件具备可编程的特性，可直接对结构化数据文件的内容进行遍历和处理。这种处理方式的灵活度很高，几乎可以对文件的全部细节进行处理。

（三）异常处理

1. 对话框通知

对话框通知是自动化处理中应对异常的最常用手段之一，多用于包含人工参与的自动化流程中，这类处理可以被人工即时反应，并且在人工参与不及时的情况下，允许一定时间的自动化处理中断。对话框通知的好处是可以用最直观快捷的方式通知到用户异常的情况，并且根据具体情况提供有效地建议，并在对话框被确认之后继续自动化处理。这种异常处理方式的另一个好处是可以针对异常处理所需要的信息设计对话框的表单，这样用户直接在表单上进行所需信息的输入就可以解决异常，从而继续自动化处理。

2. 邮件通知

邮件具有网络接收、保持记录、可添加附件、可多对象发送等优点，邮件通知的异常性可以将人工解决问题的时间灵活化，自动化处理不必等待用户的即时反馈也可以执行下一步处理，而当人工解决问题之后，再根据设计好的流程框架重试该处理。邮件通知也是流程开始和结束最常用的手段，可以帮助用户准确的确认流程的开始和结束时间，留存记录，抄送所有相关的人员。用户可以通过邮件内容或附件确认流程的详细执行结果。

3. 记录日志

在进行其他异常处理的时候通常会同步记录日志，作为异常发生时基本要执行的动作，方便在流程执行后进行处理过程的追溯。记录日志的好处是可以将处理进行过程中的即时信息记录下来，包括一些临时变量及某些操作精确的开始时间和结束时间等，用来确认过程或判断在执行中的细节。记录日志也是寻求远程协助的必要信息，规范全面的日志记录可以帮助用户或外部支持人员迅速对异常发生的原因进行定位，并从业务或技术的角度找到解决方案。

4. 重试处理

系统异常在系统交互的过程中经常发生，为了模拟人工的重试操作，自动化处理需要针对在处理过程中偶发的系统异常进行重试，由于自动化流程中事务的特性，RPA 针对系统异常的重试机制是基于事务来完成，针对一个事务执行过程中所发生的系统异常，都应当先终止该事务的执行，还原到事务执行之前的环境，然后再重新执行当前事务。

六、应用框架

为了在自动化流程开发中实现标准化的事务设计思想，UiPath 提供了基于事务的机器人企业框架（Robotic Enterprise Framework，REFramework）。REFramework 体现了单一事务流程的设计思想，通过了解和应用 REFramework 进行自动化流程的开发，可以对事务分解及流程实践中的重试处理有更深刻的认识。灵活运用 REFramework 也是 PRA 开发思想从流程设计到操作实现的重要分界线。

REFramework 最核心的概念是事务（Trasaction）。基于事务的重复性，事务部分的设计可以分为获取事务数据和执行事务两部分，获取事务数据负责确定下一个要执行的事务，交由执行事务的部分进行处理，成功完成一个事务之后再通过获取事务数据进行下一个新事务的获取。当所有事务都被执行完成时，则不再进行执行事务的动作。

系统异常（System Exception）是指在事务执行过程中，偶然发生的因系统环境原因的处理异常，这类异常通过还原环境后进行事务重试有可能不再发生。在发生系统异常需要重试事务的过程中，当自动化流程执行到获取事务数据时，该处理不会去获取下一个新事务的数据，而是把当前事务数据继续交由执行事务的部分重新进行执行。

除了不可预测发生的系统异常以外，REFramework 将事务执行过程中，可以预测并且进行相应处理的异常，定义为业务异常（Businesses Exception），这类异常进行事务重试，在业务环境没有发生变化的情况下仍然会发生，例如事务数据中包含错误，发生重复事务操作及因业务规则限制而无法完成的事务等。发生这类异常时 REFramework 不会进行事务重试，而是执行包括操作取消，记录日志等预设的业务异常处理之后，通过获取事务数据进行下一个新事务的处理。

事务处理之前所需要的准备工作被称为初期化（Initialization）。初期化中可以分为与事务执行环境有关的准备处理和与事务执行环境无关的准备处理。无关的准备处理通常为事务执行所需的数据获取等，在需要进行事务重试时，与事务执行环境有关的准备工作会被再次调用，以还原到事务执行之前的系统环境状态，保证上一次执行所发生的系统异常不会影响到本次事务重试的过程。打开应用系统，登录账户操作就是典型的与事务执行环境有关的准备处理。

事务处理之后的一系列处理被称为结束过程（End Process）。结束过程通常包含邮件发送执行结果报告，关闭应用程序及事务执行后所要进行的统一后续处理等。结束过程可以分为与环境还原有关的处理以及与环境结束无关的处理。在需要进行事务重试时，与环境还原有关的处理会被提前调用，在初期化的环境准备处理之前，由于发生系统异常时的环境状态有可能无法正常执行关闭应用系统，账户注销等环境还原的操作，所以终止进程的活动经常被作为强行还原环境的备选方案。

任务十二

RPA 机器人部署和运维

从机器人的开发到投入工作环境，RPA 机器人部署的管理和运维的管理极其重要。企业需要有相应的策略，包括 RPA 部署方案管理、"出厂配置"、资源管理、安全策略、上线机制以及运维监控、排班管理、事故处理、变更管理、运行绩效及报告管理、产能及 license 管理等方面，下面就从这些方面介绍机器人是如何部署和运维的。

一、RPA 机器人的部署

（一）RPA 机器人的部署方案

RPA 机器人的部署方案中，涉及机器人设计器（Studio）、机器人（Workforce）与控制中心（Control Center）三层架构。RPA 机器人的部署方案见图 12-1。

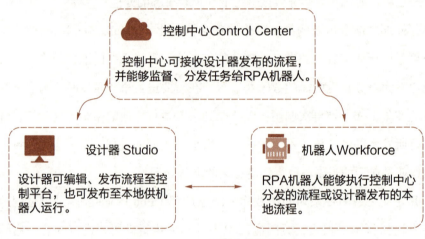

图 12-1　RPA 机器人的部署方案

设计器主要负责提供便捷的方法和界面，可供用户开发、配置、发布流程，支持一键录制流程并自动生成 RPA 机器人。

机器人主要部署于执行具体任务的计算机终端（可以是实体机器也可是虚拟化环境），用户可通过控制中心端提供计划任务和调度方案的执行和监控，可将工作任务分配给 RPA 机器人使其执行具体的业务流程操作相应的应用系统并完成流程任务。

控制中心用于通过发送执行流程指令、监控流程运行情况等集中控制 RPA 机器人，支持集中部署与分布式部署，可部署于 Windows 或 Linux 系统上。在硬件允许条件下，控制中心能够同时监控及调度上千个 RPA 机器人，能够收集及分析所有机器人在运行过程中产生的日志，并通过特定字段标识所有 RPA 机器人的运行状态。

（二）RPA 机器人的"出厂配置"

当企业中 RPA 流程越来越多后，往往需要不断增加 RPA 机器人数量以满足大量业务流程的执行，而在 RPA 机器人数量逐渐增加的过程中，企业则会遇见诸如机器人部署困难，自动化流程迁移难，机器人资源排班分配难等情况。

这其中的主要原因是自动化的流程运行时往往需要特定的环境，而一旦 RPA 机器人都是针对固定流程进行基础配置的话，当出现 RPA 机器人需要增加资源时，就需要新部署并配置对应的生产环境。甚至在出现容灾和备份的情况下，需要对照现有的机器人重新配置新增的机器人，这不仅导致无法快速恢复机器人，还容易导致流程运行异常。

为避免以上问题的发生，应该在开发流程前进行对 RPA 机器人"出厂"设置的标准化，针对客户的需求与现有配置的实际情况，形成一部全流程通用的配置说明书。在每次诞生新的 RPA 机器人时，只需要按照说明书标准进行配置，即可满足大部分通用全流程的运行。这种标准化的环境准备，可以大幅度提升 RPA 机器人的利用率，方便其规模化。

这样，RPA 机器人就从繁杂的"原料"成了可利用的资源，只要有需求就可以直接拿来使用，再配合控制中心，就可以实现对 RPA 机器人的规模化运用，提升 RPA 工作效率（见图 12-2）。

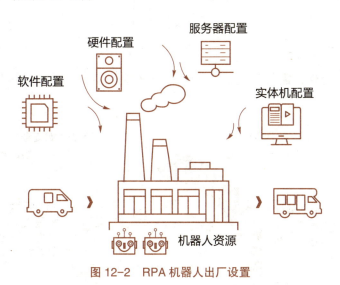

图 12-2　RPA 机器人出厂设置

（三）RPA 机器人部署的资源管理

RPA 机器人的"抗压"能力超乎你的想象，它可以 24 小时地不停工作，而合理的管理框架可以充分调度 RPA 机器人，最大化发挥 RPA 的价值。但就目前而言几乎没有企业能充分利用 RPA 机器人，往往是哪里有需求，哪里就新增机器人。这就会导致企业内部机器人空闲时间过多，无法有效地利用机器人，大幅降低了机器人项目的收益回报。

在充分考虑"出厂"设置后，本着"集中管控"的原则，就可以从内部和外部全面对 RPA 机器人进行管理。有了标准统一的"出厂"设置，机器人就成为了企业可随意利用的资源，按照业务流程的执行计划，就能够对这些机器人进行统一的调度运行，最大化利用 RPA 的能力，并且降低了软件许可成本投入。

在企业中，不同的部门有着不同的权限与职能，部门之间往往有着各种边界。同样，不同的流程对机器人的运行环境及执行计划也有着不同的要求，有些部门的特殊流程还需要特殊配置的机器人。

例如，完成报税工作需要税盘的连接，而企业的税盘通常由税务部门管理；网银相关的业务流程不仅需要搭配能连接 UKey 的环境，而且需要在特殊的时间段执行。因此，在 RPA 机器人的设计过程中，应该充分考虑到自动化流程的部门划分，运行环境，执行权限与执行计划，在满足企业规章制度的情况下，进行 RPA 机器人的资源管理。

（四）RPA 机器人部署的安全策略

全面的安全策略能够确保企业数据及信息的安全。同样的，安全作为 RPA 机器人开发的重中之重，需要贯穿于整个设计与开发环节。为了保证 RPA 机器人实际运行过程中的安全性，需要从下述八个安全维度考虑 RPA 机器人的设计和开发工作（见图 12-3）。

图 12-3　RPA 机器人部署的安全策略

1. 参数配置安全

当业务信息输入全部参数化后，RPA 运行所依赖的业务配置表需要加密处理，或放置于有访问级别限制的共享盘中，置于公司防火墙保护下，保障配置信息安全。

2. 信息存储安全

对于所有的输入、过程和结果文件，需要按照统一标准的方式进行备份，为事后核查及审计要求提供支持。

3. 信息传输安全

在使用 RPA 机器人发送、传输、流转信息过程中，应尽量避免使用非企业认可的即时沟通软件、外部软件或第三方软件，防止信息泄露的风险。

4. 网络端口与访问安全

对于需要向外部发送和接收数据的流程，需要对发出和接收的数据进行加密处理，并使用可信任的证书加载，以保证业务数据无法破译或盗取。

5. 物理环境安全

若使用实体计算机作为 RPA 机器人载体，则需要确保存放这些计算机或相应如 Ukey 集中器等物理设备的安全，保障畅通的网络环境和供电。同时，应限制存放环境的人员出入，减少与不相干人员的接触。

6. 日志安全

在较长、较复杂的流程中，应在流程的关键节点添加状态日志，说明当前流程节点，为后续勘查和纠错提供支持。

7. 代码安全

在庞大复杂的 RPA 项目中，应使用 SVN 等工具进行代码管理，统一管理监控代码开发，防止代码版本错乱，代码被意外修改，代码丢失等问题。

8. 组件安全

企业自建的 RPA 代码库应由专人管理，并定期维护和更新已开发的组件，保证后续使用的安全和稳定。

（五）RPA 机器人正式上线机制

RPA 机器人正式上线的管理机制有五大要点：一是加强企业的 RPA 培训；二是建立专门的 IT 团队；三是重新思考业务与 IT 团队的合作；四是建立卓越中心（Center of Excellence，COE）以支持转型；五是专注于使 RPA 创造切实的影响与价值。

1. 加强企业的 RPA 培训

加强 RPA 培训，让员工更好地了解和掌握 RPA 的操作，对于确保自动化流程的顺利执行和创造可持续影响至关重要。其中最关键的是自动化的新流程的识别、量化、优先级排序和映射。接下来，解决方案的设计、编程和执行都将涉及重要的新功能，一旦到位，自动化的监控和管理也将如此。RPA 培训的课程应从四个部分进行设计安排，分别是介绍（虚拟，课堂培训）、常见练习（Excel、Word 与 web 抓取）、开发者的专门培训（Win32 应用程序与表面自动化）以及认证考试。相关介绍类的初步课堂培训应以所有角色的常见练习开始。每个人都需要亲身体验如何创建自动化来构建他们特定的角色；常见练习应按照自定节奏进行，并为障碍和问题指派导师，练习应以验证测试结束，学员将获得 PDF 格式的完整文档和教程视频；开发人员的培训是特定的，架构师与业务分析师将一起工作并交付 Word 与 Excel。

2. 建立专门的 IT 团队

建立一支熟知 RPA 机器人技术的人才队伍，减少对 RPA 顾问的依赖，确保未来 RPA 机器人在公司的深入推广与应用。公司应尽早将 IT 团队的参与形式化，以最大化业务结果。IT 团队需要理解为什么 RPA 不同于其他工具，如业务流程管理、人工智能和屏幕抓取工具。他们还需要知道安全和部署计划最优支持评估和部署区域的潜力提供快速、短期收益途径使用现有的用户界面。开发业务和 IT 之间的联合理解将促进更快的结果集，并了解哪些工具适合哪种场景。IT 团队参与的基本要点是：① 观察系统更改和执行系统维护，如果 RPA 机器人被规划或编程为全天候运行，这些更改和维护可能会对 RPA 机器人产生不利影响；② 协调前期和后期部署的安全、测试和审计数据；③ 使用 RPA 管理 IT 系统的负载，一些 RPA 工具具有内置功能来调整流程中的部署；④ 确定在数字化数据处理的前端可以建立哪些表单；讨论与 RPA 脚本交互的系统的任何计划的 IT 更改，并使脚本保持最新；考虑是否应将 RPA 工具托管在县城、第三方数据中心或使用专门的 RPA 托管，以机器人的形式提供服务。帮助决定是否使用辅助自动化，何时使用无人值守自动化或专用软件产品；监督和整合密码发布和更新策略，以满足 RPA 部署中的业务或法规遵从性；鼓励 RPA 部署的编码标准，以避免次优的编码设计和产品使用。

3. 重新思考业务与 IT 团队的协作

当 RPA 机器人自动化项目遇到问题时，一个关键的原因通常是 IT 和业务团队之间的不一致，因为需要比以往更深入的合作。由于业务用户了解流程并对运营绩效负责，因此必须确定要自动化哪些流程，并应密切参与 RPA 机器人的开发。就 IT 而言，必须在运行生产级质量系统方面贡献其先进的技术知识和经验，并确保 RPA 机器人的端到端性能。每当应用程序发生变化时，也需要密切协作，以便 RPA 机器人可以适当更新。

因此，企业应当建立一个 IT 和业务 RPA 联合的团队，将 RPA 机器人的工作联合起来，与业务流程成熟度模型合作，以最佳方式在公司所在行业中完成流程。这个 IT 和业务联合的 RPA 团队将会负责平衡 IT 和业务步骤，如表 12-1 所示。

表 12-1　业务流程与团队行动

业务流程	团队行动
调整 RPA 部署到更宽的 EAR（Enterprise Automation Roadmap，企业自动化路线图）	部署快速取胜的 RPA 项目
自动化任务和过程所有权	管理脚本库、系统连接索引和目标代码的重用（如适用）。保护与进程相关的任何有用的 IP
需求管理	管理业务流程所有者的需求。收集已经使用的解决方案的现状成本，这些成本将被 RPA 策略的执行所替代 / 消除
供应管理	评估并获得必要的技能、顾问、服务器和软件来支持 RPA 计划
与业务流程外包供应商、共享服务中心和顾问协调工作	了解现有和新的业务流程外包供应商或 SSC 交付选项的影响
沟通策略	决定何时、如何及是否与更广泛地组织就如何利用自动化，RPA 工具如何工作进行沟通
常规未来自动化和人工智能规划	关注新的自动化趋势。决定什么时候"终止"RPA 项目，然后转向其他自动化或应用程序活动

4. 建立卓越中心以支持转型

自动化策略与铺展计划工作流程应全面考虑整个服务交付组织的自动化，并准备一个卓越中心的路线图。卓越中心作为专业知识的来源和确定优先事项都至关重要。这个中央团队的职责跨越运营和其他职能，领导组织的转型，确定能够实现自动化的机会，并帮助扩大当前的自动化计划。卓越中心的专业领域应包括有人值守机器人（用于呼叫中心）、聊天机器人、高级分析和认知代理。

卓越中心的角色随着时间的推移而演变。在短期内（通常是前六个月），卓越中心的多样化支持职责将包括：确定自动化的潜力；优先考虑机会；管理早期的概念验证测试；学习编纂；招募卓越中心团队成员；商务人员培训；并监督现有的转型。

从长远来看，卓越中心的主要角色会发生变化。活动包括管理端到端的整个转型（包括计划和资金的优先排序）、为更复杂的问题提供技术支持，以及建立最佳实践。卓越中心还支持整个公司范围内不同规模的计划，在需要时为主题专家和倡导者提供种子，并为团队成员提供全面的指导。此外，该中心可以为企业主导的计划提供少量支持。

5. 专注于使 RPA 创造切实的价值与影响

RPA 的运用和其他新兴技术一样，能够将会计人员从机械的财务处理工作中解放出来，有利于减轻会计人员的负担，财务人员面临转型。但人工智能取代的只是"账房先生"式的基层会计人员，而具备深入分析和管理控制技能的人员是难以被取代的。会计人员应加强学习，丰富计算机基础知识，紧跟大数据时代，重新进行职业定位。

二、RPA 机器人的运维

（一）RPA 机器人的运维监控

大多数 RPA 计划关注的是获得正确的供应商，甚至是建立正确的治理模式。通常，企业组织会忘记 RPA 计划中最重要的方面就是构建机器人后对其进行维护和监控。

对于大型企业来说，为保证 RPA 机器人实施项目的持续改进，实现 RPA 机器人的统一管理和控制，可以多种方式的触发和管理机器人。对于已经部署多品牌机器人，需要实现统一控制。因此从 RPA 计划的第一天就开始考虑建立 RPA 控制管理中心是很重要的，当遇到 50 个以上的机器人的时候，才不会崩溃或烧毁。典型的 RPA 实现可以分为两个主要部分：自动化工厂与 RPA 机器人控制管理中心。

1. 自动化工厂

自动化工厂的工作是大量生产机器人。这主要是由业务分析人员、RPA 开发人员、机器学习专家和质量分析人员组成的开发团队。在具有多个分散部门的大型企业中，通常可能有多个自动化工厂。事实上，每个自动化工厂都有自己的 RPA 供应商。这就增加了生态系统的复杂性，管理团队要加强这些自动化工厂的统一性。因此，必须尽早建立强大的 RPA 管理。

2. RPA 机器人控制管理中心

一旦 RPA 机器人开发完成并进入生产状态，机器人就进入维护阶段。维护对系统自动化活动的控制，对于消除所有可能存在的冲突和潜在的停机时间是非常重要的。机器人控制管理中心承担着控制管理机器人的责任，并确保机器人在任务范围内正确执行自动化。根据企业组织结构的复杂性，机器人控制管理中心可以被组织成不同的团队，典型的 RPA 机器人操作控制模型见图 12-4。

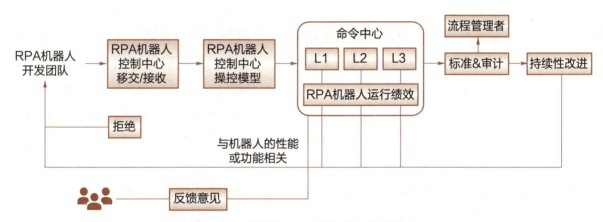

图 12-4　典型的 RPA 机器人操作控制模型

注：RPA 机器人控制中心的命令中心可由 L1、L2 和 L3 小组组成。根据工作分工和团队组织，L2 小组可以与 L1 或 L3 小组合并。各小组负责机器人的有效运行和利用。

控制中心的 RPA 机器人产品维护人员负责监控和维护机器人。他们能够在屏幕后管理与支持 RPA 机器人，不仅能够通过卓越中心检测平台，根据既定规则和标准方法实时监控 RPA 机器人及其基础设施，还能够实现任何操作日志完美记录。如果监测到异常情况立即启动异常应急措施，若控制管理中心无对应措施，则会立即报告。

（二）RPA 机器人的排班管理

RPA 机器人的排班管理一般采用集中部署方式，按照维度不同可分为机器人资源池（Robot Resourc Pool）和工作队列（Work Queue）管理。

1. 机器人资源池

机器人资源池一般指可以投入到实际流程执行的机器人集合。机器人资源池一般也会包含有动态机器人的调度功能，前提必须是多个机器人都包含某一个流程的前提环境和权限。

按业务条线对机器人进行资源池化的归类管理，根据业务场景所需的应用环境、网络环节、业务量峰值与执行时间等统筹规划资源池中机器人的数量，为兼容异常处置、业务量激增等情况，保留快速切换响应空间，达到统一调度、自动规划执行、共享使用的最优管理模式（见图 12-5）。

机器人资源池
Robot Resource Pool

图 12-5　机器人资源池排班管理模型

2. 工作队列

工作队列是一种企业级任务管理协同机制。在 RPA 领域中，工作队列通常指将以业务条线归类的单一工作任务放入工作队列池，再按需执行的过程。这些单一的工作任务，指的可以是一笔工单、一笔业务数据或一条数据记录等。由于是基于一笔笔具体的工作任务，工作队列中的颗粒度相较于机器人资源池更细。而工作队列的而应用共包含两部分：将工作放入队列与从队列中拿工作（见图 12-6 至图 12-8）。

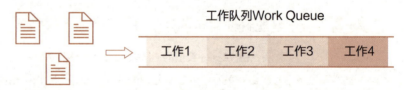

将待处理的每笔业务先存到工作队列

图 12-6　工作队列排班管理模型：将工作放入队列

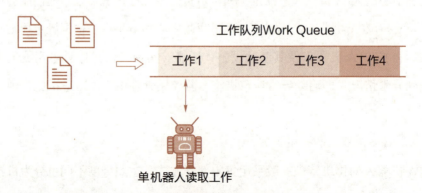

单机器人读取工作

图 12-7　工作队列排班管理模型：单机器人读取工作

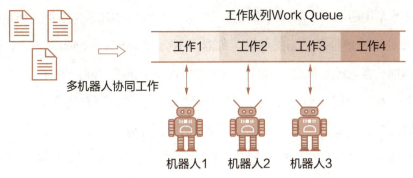

图 12-8　工作队列排班管理模式：多机器人协同工作

（1）将工作放入队列。

（2）从队列拿工作。从工作队列拿工作一般分为两类：

① 单机器人读取：单机器人读取工作队列的目的有以下两点：第一，为了精确追踪业务指标，某一笔交易从什么时候开始被机器人执行？什么时候结束的？结果如何？第二，为了标记流程中间过程的步骤状态。

② 多机器人协同读取：多机器人协同读取的优势。业务分流：不论业务增长有多快，多机器人协同读取模式都可以轻松扩展机器人资源，避免重负荷工作全部由单一机器人实现。多个机器人都可读取最新的工作任务，或者根据 TAG 标签挑选符合要求的工作任务。多机器人协同：某一个机器人出现意外，不影响整体任务作业；可以按需及时动态增删工作流程的工作机器人数量。中间过程标记：不论是哪个机器人处理的某笔业务，该笔业务前三步已经被执行过后，那么下一个接手该工作的机器人就可以直接跳至第四步去继续执行该笔任务。.时间窗口或业务笔数等特殊需要：多机器人协同工作模式可以满足某些智能在特定的时间串钩执行，需要在那个时间窗口部署多个机器人的业务。

试想下面这个场景：一条流水单的多项金额需要对账。第一项金额是总计金额，需要去登录系统 A 的查询界面，通过查询后计算查询结果的总计金额，确认查询的总计金额是否与流水单中的总计金额一致。而第二项到第六项的金额需要登录系统 B，进入美洲报告页面下载该流水单的财务报表，抓取财务报表中的五个指定部分的数字来比较是否一致。第七项金额需要登录系统 C。如果账目都是准确的，最后需要登录系统 D，新建单据，并把这七项数据录入。

假设机器人从工作队列中获取了这条流水单的单号，它将成功地从本地系统中

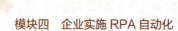

查询到流水单中的七个金额，成功地去系统 A 和系统 B 中比较完数据，但是由于系统 C 故障处于维护阶段，无法登录。机器人不会直接报 Exception，否则，后面每条流水单都会在系统 C 的部分报错。机器人每次抛出错误时都会和前一次抛出的错误做比较。如果相同类型错误重复到一定次数时，机器人会自动停止，不再操作，等待一段时间间隔重试，或者发送人工接入请求，等待人工确认修复。如果系统 C 只是短暂的无法登录，后面等到数据能够正常登录时，这个错误数据将会清零。

在系统 C 修复后，之前错误的数据若能够通过重跑一次可以修改异常，则不会被工作队列重新获取数据放入队列。工作队列会判断异常类型，自动进行强制的重新操作。UiPath 的工作队列会强制重试之前 Application Exception 的流程，Business Exception 不会强制重试，但是可以在创建工作队列时设置是否重试和重试次数，Blue Prism 的工作队列可以自由设计并修改相关配置，例如：什么状态需要重试，重试次数，重试时间。由于进行了中间过程标记，在 Blue Prism 的工作队列中，重试操作时可以跳过已经成功完成比较的系统 A 与系统 B，直接从发生错误的系统 C 进行重试：机器人在获取该条工作时，能够通过状态判断应该从哪个步骤开始执行。

综上所述，工作队列的排班管理模式适合应对业务数据量大，或者对于机器人处理过程状态要求敏感的场景。

（三）机器人事故处理机制

通过机器人事故处理机制（见图 12-9），机器人控制中心可以对机器人进行事故管理和问题解决。

RPA 支持的重点是使用机器人的用户，确保他们能够轻松获得与机器人计划相关的适当级别的支持。这些支持包括用户如何提出潜在的问题，如何提出改进建议和要求。通过机器人事故处理机制，事故、问题和改进管理可以得到明确的定义。事故管理程序将确保将事故通知相关方，以便采取适当的步骤减轻对于客户和业务的影响，并及时采取必要的补救措施。该事故或问题将被发送给机器人控制管理中心，机器人控制管理中心中的 RPA 产品运维人员能够使用日志信息调查问题并确定最佳行动方案。

1. RPA 事故发现机制

（1）主动发现。RPA 产品运维人员：通过检查机器人日常监控工作的日志。IT

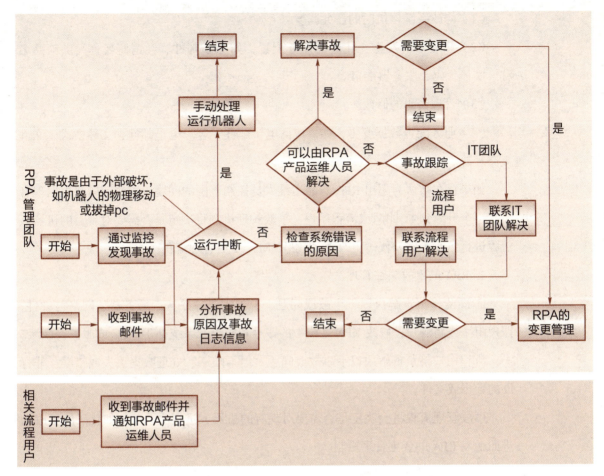

图 12-9　机器人事故处理机制

团队：通过监控系统和网络性能。

（2）被动发现。RPA 产品运维人员：通过接收事故通知邮件。流程用户：通过审核面向用户的日志信息、输出结果或接收通知邮件。

2. RPA 事故分析

当发生影响机器人软件的事故时，RPA 产品运维人员应对事故原因进行分析和调查，并记录事故日志。如果事故是因为外部环境的破坏造成的，如机器人的物理移动或拔下 PC 电源，RPA 产品运维人员应该立即执行紧急措施，如手动触发机器人，进行异常处理。如果事故不是因为运行中断而引起的，RPA 产品运维人员应进一步调查发生错误的原因。

3. RPA 事故解决机制

RPA 产品运维人员将负责解决以下事故或问题，但不限于：

（1）修改系统停机时的任务调度。

（2）修改系统发生变化后的任务配置，如电子邮件、经销商名称、供销商名称、实体代码、服务器端口等。

（3）管理密码的修改。

（4）业务配置数据变更，如供应商电子邮件、客户电子邮件、文件格式、文件夹路径等。

如果存在被认为超出 RPA 产品运维人员控制范围的问题，这些问题将根据现有流程逐个升级到 IT 团队或流程用户。事故管理机制将决定是否需要对现有的机器人流程进行更改（例如代码更改），而触发 RPA 变更管理流程。

4. RPA 的事故跟踪管理

IT 团队将负责解决以下事故或问题，但不限于：系统、服务器、网络与硬件；账户阻塞或新账户；修改 RPA 系统中的账号和密码；系统补丁；PC 或服务器崩溃。

流程用户将负责解决以下事故或问题，但不限于：处理数据丢失或错误；非标准的数据或文件。

事故管理流程将会决定是否需要对现有的机器人进行更改（例如代码的更改），进而触发 RPA 的变更管理机制。

（四）机器人变更管理

机器人变更管理机制（见图 12-10）是用于启动、记录、评估、批准和解决项目变更的机制。当发现或收到任何会影响实时机器人计划的变更请求时，将需要使用正式的变更管理程序。

而机器人变更管理机制中共有四个核心流程，分别是：识别与验证、分析与评估、审批与批准、行动。

1. 识别与验证

首先，RPA 的变更需要触发机制：一是针对 RPA 流程的任何变更，即功能或设计上的改变不意味着当前机器人的流程执行存在任何问题；二是针对任何 RPA 流程、任务或步骤上的调整与修改；三是针对业务配置的变更，即从流程用户的角度更改（如经销商信息、供应商信息、数据、文件、文件夹路径等）；四是对于 RPA 配置的变更，包括 RPA 的登录账号和密码，机器人使用的系统登录账号和密码，机器人的电子邮件。

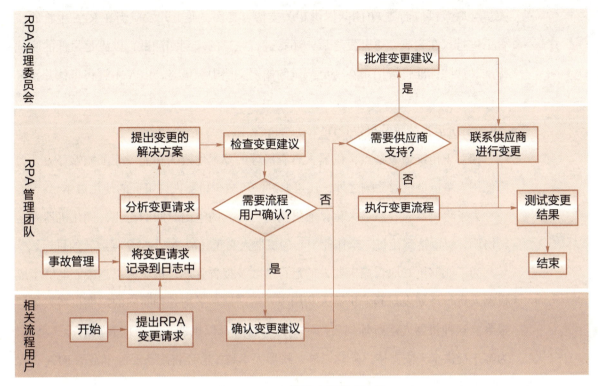

图 12-10 机器人变更管理机制

其次，流程用户应该填写正式的《变更申请表》来提出变更请求，并发送给 RPA 产品运维人员，同时确认自己提出的变更。

而《变更申请表》需由 RPA 产品运维人员进行验证所需变更的有效性，并记录在变更日志当中。

2. 分析与评估

RPA 产品运维人员将负责分析已经提出的关于机器人变更的建议，并记录分析其结果。如果流程确定要进行变更，RPA 产品运维人员应提供 RPA 的变更建议，其中应包括但不限于 RPA 名称、流程描述、变更原因、变更描述与变更影响。

3. 审批与批准

变更建议将会由 RPA 主管审核并签字，以确保任何潜在的变更不会影响机器人计划更广泛的功能。除此以外，如果需要流程用户应确认并验证流程上的变更。如果变更对业务有重大影响的话（如编码变更），变更建议应由 RPA 治理委员会批准。

4. 执行与变更

RPA 产品运维人员将会负责执行变更，但如果是代码需要变更，RPA 产品运维人员会联系供应商或 IT 团队提供相关支持。其次，变更开发应当在 RPA 主管的监督下进行。在完成变更开发之后，还将进行完整的端到端测试，以满足最低的测试标准。这些标准将被记录在变更测试的摘要文档中。最终，RPA 主管将审核并签署文件。

（五）运行绩效及报告管理

相对于传统绩效特点，机器人具有极佳的降本增效的功能。除了能够释放人力降低用人单位员工的薪酬之外，还可以进一步减少机器人许可证的使用成本。

为了将机器人收益最大化，通过衡量机器人的空闲时间的占比，优化机器人运转协调，可以达到让每一个作业中心的机器人真正达成 24 小时全程运转的目标。

为了能够更好地管控机器人的运行绩效及报告管理，机器人卓越中心能够生成机器人运行计划表与涵盖机器人利用率、生产率和平均处理时间的定期机器人运行报告。这种机器人运行计划表与定期运行报告都以机器人监控仪表盘的形式呈现，为客户提供全天候支持。除此以外，机器人卓越中心还将配备经验丰富的 RPA 工程师，可解答、支持、查询并解决相关的 IT 问题。

机器人监控仪表盘示例见图 12-11，除了监控仪所显示的运行绩效的报告外，对于存在多地区分公司或部门的客户来说，RPA 平台还能够提供各地区的机器人使用情况及排名、任务情况与任务耗时排名。

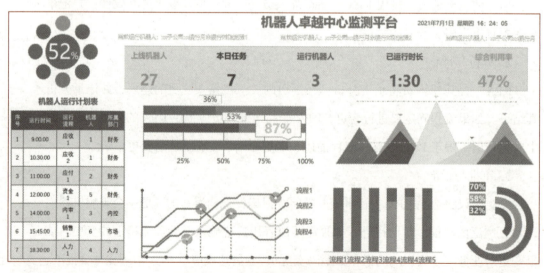

图 12-11　机器人监控仪表盘示例

（六）机器人产能及许可证管理

1. 机器人产能管理

机器人的产能及许可证管理属于 RPA 平台管理的重要组成部分，但往往会被忽略，成为不少企业的 RPA 管理盲区。通过前面的章节，我们不难发现 RPA 具有效率高、成本低、速度快、质量好、态度优等特性，同时可结合人工智能技术，打造智能运营机器人，实现业务流程自动化、智能化的处理，有效提高运营效率，提升精细化管理水平，进一步促进数字化转型。但是，我们能够发现有的企业部署了大量的机器人，反而无法实现预期的业务价值：这是因为机器人的数量并不是越多越好。企业应考虑短期和长期的业务目标，以实现更高的投资回报率。

RPA 的投资回报率指标不仅能够证明 RPA 有助于提高组织的生产力、创新能力、客户体验和减少成本，还能够使业务进一步量化，让财务更加透明。通过分析投资回报率数据，企业能够确保机器人平台规模适合以经济高效的方式满足企业当前和未来的业务需求。

2. 机器人许可证管理

为快速追踪机器人的部署时间并方便集中管理激活，系统会在 RPA 控制中心的许可证页面中按租户显示机器人许可。在此页面可以上传、续订或删除许可证。

（1）许可概念。命名用户：此类许可证适用于有人值守的 Studio 机器人和 Studio X 机器人。这种向用户授权的许可证使用户能够在任何计算机上注册任意数量的机器人，只要所有机器人都是用相同的用户账户即可。

多用户：此类许可证适用于有人值守的 Studio 机器人和 Studio X 机器人。鉴于您在实际使用机器人时才会使用此类许可证，因此可利用该许可证帮助用户轮班作业。以 UiPath RPA 为例，在三种情况下，机器人会在集中管理中心中依据类型使用多用户许可证，分别是机器人已连接到集中管理中心（Orchestrator）、UiPath Assistant 正在运行（且不仅是在执行流程期间）和 Studio 正在运行。因此，您可以在多台计算机上定义数百个机器人，但在某个特定时刻仅使用 50 个许可证（举例而言），而此数字正是能同时将机器人连接到集中管理中心的用户数上限。

多用户运行时：这种类型的许可证仅适用于无人值守 / 非生产 / 用于测试目的的计算机。当处于在线状态且连接到 Orchestrator 时，计算机使用的许可证数与其将其连接到 Orchestrator 时所用的计算机模型的运行时容量相等。运行时表示可同时在特定机器上运行的机器人数量上限，并且支持手动自定义。需要注意的是，Windows 工作站一次只能运行一个后台流程，因此建议只为其分配一个运行时。而 Windows Server 计算机支持更多机器人同时执行多个流程，因此您可为其分配更多运行时。

（2）许可证类型。有人值守分为两类，① 有人值守命名用户：无论定义用户的计算机数量如何，在 Orchestrator 中定义用户时均需使用许可证。不过，此类用户一次无法通过多计算机进行连接。请注意，此情况仅适用于 Active Directory 用户。如果您有本地用户，则每个本地用户均参与计数并使用许可证；② 有人值守多用户：此类许可证可授权多个用户同时运行机器人，并且只在需要使用机器人时才会占用许可证。如果用户需要轮班作业，建议您使用此类许可证。

Studio 或 StudioX 许可证的工作原理与有人值守许可证类似，但其仅授予将 Studio 或 StudioX 连接到 Orchestrator 的权限。您可以通过本地许可证或连接到 Orchestrator 获得 Studio 的使用权。如果 Studio 或 StudioX 已拥有本地许可证，则无须使用 Orchestrator 许可证池中的其他许可证，前提是在 Orchestrator 创建机器人时已选中外部许可证复选框。

无人值守或非生产，在此许可模式中，我们可计算出能同时执行流程的无人值守 / 非生产机器人数量上限。此数值由分配给所有在线计算机的运行时总数提供，可以在所有计算机上分发许可证。

需要注意的是，分配的运行时数量无法超过可用运行时的数量。除此以外，可以为计算机分配自定义的运行时数量，确定当机器人服务在该计算机上运行时需占用的无人值守 / 非生产许可证数量。而计算机上定义的机器人数量完全不受运行时数量限制。

任务练习

1. 简述企业自动化转型流程并总结自动化转型中各步骤的实践经验。

2. 详细表述在自动化转型过程中业务理解的重要性及其各个组成部分的内容。

3. 简述 RPA 部署和运维过程中需要注意的内容。

🔍 前沿资讯

我国数字经济发展核心

2021 年 3 月公布的《中华人民共和国国民经济和社会发展第十四个五年规划和 2035 年远景目标纲要》，有提到迎接数字时代，激活数据要素潜能，推进网络强国建设，加快建设数字经济，数字社会、数字政府，以数字化转型整体驱动生产方式、生活方式和治理方式变革。

数字产业化和产业数字化重塑生产力，是数字经济发展的核心。生产力是人类创造财富的能力，是经济社会发展的内在动力基础，数字产业化和产业数字化蓬勃发展，加速重塑人类经济生产和生活形态。数字产业化代表了新一代信息技术的发展方向和最新成果，伴随着技术创新突破，新理论、新硬件、新软件、新算法层出不穷，软件定义、数据驱动的新型数字产业体系正在加速形成。产业数字化推动实体经济发生深刻变革，互联网、大数据、人工智能等新一代信息技术与实体经济广泛深度融合，开放式创新体系不断普及，智能化新生产方式加速到来，平台化产业新生态迅速崛起，新技术、新产业、新模式、新业态方兴未艾，产业转型，经济发展、社会进步迎来增长全新动能。

（资料来源：中国数字经济发展白皮书（2020））

企业作为数据经济的造血细胞，要意识到企业数据化转型的重要作用。要有行动，将注意力以及资源投入到企业数字化转型中，只有大部分企业都实现了数字化转型，中国数字经济发展才会得到保障和最终的胜利。在企业数据化转型的过程中，越来越多的企业开始借助新技术，重塑数字化生产力，让数字员工代替人工，为企业带来更便捷、高效、严谨的业务处理体验，提升企业收益。进而提高企业的生产效率与管理决策能力，增强企业核心竞争力，真正实现以新技术带来的企业智慧化转型。

郑重声明

高等教育出版社依法对本书享有专有出版权。任何未经许可的复制、销售行为均违反《中华人民共和国著作权法》，其行为人将承担相应的民事责任和行政责任；构成犯罪的，将被依法追究刑事责任。为了维护市场秩序，保护读者的合法权益，避免读者误用盗版书造成不良后果，我社将配合行政执法部门和司法机关对违法犯罪的单位和个人进行严厉打击。社会各界人士如发现上述侵权行为，希望及时举报，我社将奖励举报有功人员。

反盗版举报电话　（010）58581999　58582371

反盗版举报邮箱　dd@hep.com.cn

通信地址　北京市西城区德外大街4号　高等教育出版社法律事务部

邮政编码　100120

读者意见反馈

为收集对教材的意见建议，进一步完善教材编写并做好服务工作，读者可将对本教材的意见建议通过如下渠道反馈至我社。

咨询电话　400-810-0598

反馈邮箱　gjdzfwb@pub.hep.cn

通信地址　北京市朝阳区惠新东街4号富盛大厦1座

　　　　　高等教育出版社总编辑办公室

邮政编码　100029

防伪查询说明

用户购书后刮开封底防伪涂层，使用手机微信等软件扫描二维码，会跳转至防伪查询网页，获得所购图书详细信息。

防伪客服电话

（010）58582300

资源服务提示

授课教师如需获取本书配套教辅资源，请登录"高等教育出版社产品信息检索系统"（http://xuanshu.hep.com.cn/），搜索本书并下载资源。首次使用本系统的用户，请先注册并进行教师资格认证。

高教社高职会计教师交流及资源服务QQ群（在其中之一即可，请勿重复加入）：
QQ3群：675544928　QQ2群：708994051（已满）　QQ1群：229393181（已满）